检察业务管理指导与参考

JIANCHA YEWU GUANLI
ZHIDAO YU CANKAO

最高人民检察院案件管理办公室 / 编

2025年
第3辑
（总第33辑）

中国检察出版社

图书在版编目（CIP）数据

检察业务管理指导与参考．2025年．第3辑：总第33辑／最高人民检察院案件管理办公室编．—北京：中国检察出版社，2025．—ISBN 978－7－5102－3310－4

Ⅰ．D926.3－55

中国国家版本馆CIP数据核字第2025LH2293号

检察业务管理指导与参考（2025年第3辑）

最高人民检察院案件管理办公室　编

责任编辑：史世琦
技术编辑：王英英
美术编辑：徐嘉武

出版发行：中国检察出版社
社　　址：北京市石景山区香山南路109号（100144）
网　　址：中国检察出版社（www.zgjccbs.com）
编辑电话：（010）86423736
发行电话：（010）86423726　86423727　86423728
（010）86423730　86423732
经　　销：新华书店
印　　刷：唐山玺诚印务有限公司
开　　本：710 mm×960 mm　16开
印　　张：10.5
字　　数：127千字
版　　次：2025年8月第一版　　2025年8月第一次印刷
书　　号：ISBN 978－7－5102－3310－4
定　　价：40.00元

《检察业务管理指导与参考》
编 委 会

前　言

2019年3月，《检察业务管理指导与参考》创刊，如一株破土而出的幼苗，根植于“四大检察”全面协调充分发展的“沃土”，伴随案管工作实践，在全国案管人的重视与呵护下茁壮成长，不断结出引领检察业务管理助推检察业务高质量发展的累累硕果。

《检察业务管理指导与参考》作为检察业务管理理论与实务研究的专门期刊，始终秉持的宗旨是，深化理论研究以指导工作，推介实务经验以供借鉴参考，理论与实务紧密结合，促进全国案件管理工作深入开展，为“四大检察”发展贡献案管力量。

我们致力于把《检察业务管理指导与参考》打造成案件管理理论创新的基地。深入学习贯彻习近平法治思想，革除不合时宜的观念理念，打破体制机制的制度性障碍，聚焦案件管理的基础理论、重大课题和制约案件管理创新发展的“瓶颈”问题，与时俱进创新案件管理理论，引领不断发展的案件管理工作实践。

我们致力于把《检察业务管理指导与参考》打造成实务经验交流的载体。鼓励实务探索，倡导凝练总结，将“三大监督”“四大服务”“管好管理”的生动实践，融入理性思考和理论升华，通过《检察业务管理指导与参考》这个平台晒出来、辩起来、推广开来，促进交流碰撞和思想解放，从而始终保持案件管理机制改革创新的源头活水，助推案件管理工作整体提升。

我们致力于把《检察业务管理指导与参考》打造成开阔案件管

理眼界的窗口。跳出检察业务管理的拘囿，加强中外司法管理的比较研究，汲取其他执法司法机关的业务管理理论成果，借鉴社会治理、现代企业管理的成功实践和创新理论，引导案管人打开眼界，拓宽视野，以“他山之石”，成案件管理之功。

《检察业务管理指导与参考》是案管人自己的刊物，记载着案管人的奋斗与追求、激情和汗水，更将描绘出案件管理工作的希望与梦想、今天与明天。案件管理理论研究，案管人使命在肩，责无旁贷。各地案件管理部门和广大案管人，既要重视、支持和参与撰稿投稿、编审征订工作，也要学好用好这个刊物，为案件管理工作助力、赋能。

理论启智心灵，实践创造非凡。让我们一起为案件管理工作铺一条光明的路，开满希望的花，结出丰硕的果。

目　录

理论前沿

业务研究

专题研讨

学习体会

理论前沿

LILUN QIANYAN

加强科学管理持续做实
“高质效办好每一个案件”检察履职路径研究

景　涛　王安明　徐　芳*

目　次

* 景涛，甘肃省酒泉市人民检察院党组书记、检察长，二级高级检察官；王安明，甘肃省酒泉市人民检察院党组成员、副检察长，三级高级检察官；徐芳，甘肃省酒泉市玉门市人民检察院第三检察部副主任。

2024 年，最高检对标习近平总书记“让人民群众在每一个司法案件中感受到公平正义”的重要指示，提出要让“高质效办好每一个案件”成为新时代新征程检察履职办案的基本价值追求。检察机关要秉持“一切从政治上看”的原则，从扛牢法律监督的政治责任出发，立足检察事业的长远发展，不仅向检察办案要质效，更要向检察管理要质效，必须以时不我待的紧迫感和使命感，将这一任务扛在肩上、抓在手上、落实到行动中。

一、持续擦亮政治底色，明确“高质效办好每一个案件”的重要意义

从政治任务上看，首先，检察工作是政法工作、法治工作的重要组成部分，必须在党和国家工作大局中谋划和推进。要坚定不移地坚持和捍卫党的绝对领导，要坚定拥护“两个确立”、坚决做到“两个维护”，始终做到党的中心工作推动到哪里，检察工作就跟进到哪里，将政治建设与检察办案有机统一于高质效履行法律监督职责中。其次，要着力加强检察政策与宏观政策取向一致性评估，确保检察政策内容符合党中央大政方针、符合党中央决策意图。“一取消三不再”这一决策就是最高检积极响应党中央为基层减负精神要义的重要举措，一体抓好“三个管理”是及时精准适配管理“转型”，保持检察工作平稳发展的良策，更是“高质效办好每一个案件”的重要抓手。最后，检察机关要深刻领会“两个回归”“三个善于”“三个管理”等一系列检察工作新理念、新要求背后的政治站位、法治考量、价值取向，把精力放在办案、办好案、办好每一个案件、办好每一个案件的每一个环节上，做到检察办案质量、效率、效果有机统一于公平正义。

从职责定位上看，检察机关是宪法规定的国家法律监督机关和保障国家法律统一正确实施的司法机关。从我国政治制度设计的基

本安排看，检察机关具有平行监督公安机关、法院、司法行政机关的权力，这个监督权只有检察机关能行使，检察监督是针对个案启动的法定纠错程序，通常可以引起被监督事项、案件的进一步或重新办理，是确保“高质效”办案标准的重要环节。简单来说，诉讼中公检法之间的制约是双向的，但法律监督是单向的，可以讲公检法互相制约，但不能讲公检法之间互相监督。[①] 现行人民检察院组织法第 20 条规定了人民检察院具体行使职权的八项内容，第 21 条规定检察机关依法运用抗诉、纠正意见、检察建议等三种方式履行监督职责。从规定的八项内容、三种方式不难看出，一方面，检察履职所要解决的显然不是一般违法问题，主要是针对特殊群体的严重违法及刑事犯罪问题；另一方面，检察办案监督的手段方式尽管丰富多样，但均带有审查、稽核、质询、抗辩等监督特质，表明检察权本身就是一种积极主动的权力。

从履职目标上看，习近平总书记反复强调，“努力让人民群众在每一个司法案件中感受到公平正义”，法律监督的终极目标也落在了通过法律监督，在实体上确保实现公平正义，在程序上让公平正义更好更快实现，在效果上让人民群众可感受、能感受、感受到公平正义。[②]“高质效办好每一个案件”是由检察工作的目标任务决定的，也是由检察工作目前所处的阶段决定的，蕴含对办案质量、效果的更高要求的科学认知。“小案大治理”是时代的要求，也是现实的需要，是检察机关如何参与社会治理的重大问题。司法实践中，简单办案、机械办案与审慎办案、用心用情办案取得的结果截然不同，社会反响和当事人的内心感受以及社会效果完全不一样，有的处理不好直接让小案引发大的社会问题，所以要从人民群众的

① 参见《把握好监督与制约的关系》，载《检察日报》2020 年 9 月 14 日第 1 版。

② 参见张昊：《高质效履行法律监督职责办好每一个案件》，载《法治日报》2023 年 4 月 29 日第 3 版。

“急难愁盼”中找准检察办案的发力点和突破口，把检察为民做细做实做到位。

二、运用科学管理思维，夯实“高质效办好每一个案件”的履职基础

检察管理，是指检察机关为有效实现“高质效办好每一个案件”基本价值追求，将管理理论与检察实践相结合，基于对管理规律、司法规律的认识和把握，对检察工作主体、行为和事项进行组织调控、评价与引导的活动，是运用相关知识技能对检察机关办案活动进行决策、组织、领导、控制的过程。检察机关要持续深化、循序渐进地全面理解“三个管理”的内涵，明确“一取消三不再”不是不要数据，更不是不抓管理，而是要进一步更新管理理念、聚焦管理重点、转变管理方式。

（一）立足权责明晰和协同高效，确保检察权规范运行

“三个管理”是检察机关全院、全员的共同责任，各级检察机关要细化实化各管理主体的责任，切实把检察管理贯穿于案件办理的全过程和各环节，构建起协同高效、上下贯通、深度融合的“大管理”格局。一方面，要完善检察官、检察辅助人员、入额院领导、检察长、检察委员会履职清单，加强案件管理部门、办案部门和院领导之间的协同，形成提升质效的合力。另一方面，发挥检察一体化优势，上下贯通融合履职。上级检察院要站位全局，形成有效压力传导，加强对本地区检察办案质效问题的预警、提醒和督办，形成有效的压力传导。例如，酒泉市检察院出台《检察工作一体化机制的实施意见》，实行“上下统一、横向协作、内部整合、总体统筹”的一体化检察模式，依法独立公正行使检察权；科学运用“三个结构比”，对某市侦查机关近年来移送审查起诉后撤回起

诉、审判机关改变起诉情形等升降幅明显异常或过于集中的数据项，及时研判、调度和督导，纠正“懈怠”“注水”等行为。

（二）立足过程控制和质量监管，实现办案与监管同步进行

过程控制以程序规范为切入点，质量监管以实体处理公正为目标，二者统一于确保办案流程的规范与高效，办案结果的公正与权威。一是抓流程监控的精细管理。通过对案件受理、办理、结案的动态跟踪与规范化管理，实现办案行为的全程留痕、实时监督与风险预警。比如，对超期未办结案件进行自动推送提醒；对法律文书进行智能“三书”比对，及时发现文书格式错误或遗漏。二是抓重点环节的协同管控。深化落实法律文书阅核、流程监控、数据质量核查、重点案件备案审查、反向审视等机制，以业务管理上分析研判、案件管理上制约监督、质量管理上核查监管，推动全流程闭环式内部监管。三是抓数据赋能的风险防控。通过构建检察业务数据分析平台，将不捕率、不诉率、认罪认罚适用率等指标纳入实时监控图谱。针对异常波动指标启动专项评查，发现个案办理中的实体瑕疵。比如，通过数据分析发现涉企案件撤案率畸高，针对性地开展涉企案件专项清查，从数据治理维度强化过程监管实效。

（三）立足质量评定和责任追究，坚决落实司法责任制

检察机关案件质量评定与责任追究机制已成为现阶段保障司法公正、提升司法公信力的核心制度，是实现“高质效办好每一个案件”目标的必然要求。首先，案件质量评定是司法责任制落实的基础环节。一是实现评查标准化与差异化的统一。评查标准覆盖证据采信、法律适用、程序规范等八大维度。比如，酒泉市检察院出台《刑事检察条线“4+1”案件质量评查规程》，结合工作实际建立刑事案件“错题本”，全面汇总检查评查中发现的问题，起到了很好

的警示作用。二是将“每案必检”落实到案件质量检查与质量评查全过程。比如，酒泉市检察机关建立“三级四全”① 案件质量评查制度，倒逼问题查找全覆盖。三是实现评查结果运用与责任承担挂钩。比如，玉门市检察院将评查结果直接纳入检察官业绩档案，优质案件可获表彰，瑕疵及不合格案件则需整改并扣减绩效。其次，责任追究是司法责任制的关键保障。激励检察人员担当作为、坚守底线的同时，发挥检察官惩戒委员会作用，实质性开展追责惩戒，倒逼高质效办好每一个案件。重构“警示约谈—责令整改—纪律处分”三阶追责体系，同时，建立容错纠错清单，对因法律政策变化、证据灭失等客观因素导致的案件偏差给予履职保护，实现责任追究的精准性与激励性平衡。

三、聚焦法律监督主业，准确把握高质效办案的五大维度

高质效办案的核心在于“高质”和“高效”两个方面。“高质”是指办案过程中严格依法办事，确保案件处理结果的公正性和准确性；“高效”则是指在保证质量的前提下，提高办案效率，缩短办案周期，减少当事人的诉累。高质效办案的基础是个案，个案高质效汇集形成整体办案高质效，在办案过程中运用“办准、办实、办好、办快、办活”五个维度，全面提升办案质量和效率，确保每一个案件都能经得起法律和历史的检验。

（一）办准：严格依法办案，确保案件处理的精准性

“办准”是高质效办案的首要原则，要求检察机关在办案过程

① “三级”即员额检察官对所办理终结的所有案件，均逐案进行自查；各部门负责人和分管检察长进行常规检查审核；案件管理部门随机选取一定数量或者比例的案件进行复评。“四全”即评查时间跨越全年、案件类型涵盖全部、评查对象涉及全员、评查内容贯穿全程。

中严格依法办事，确保案件处理的精准性。具体而言，检察机关要做到以下几点：一是严格依法办案。依法办案是检察工作的最基本准则。检察机关在办理案件时，必须严格遵守法律法规，确保每一个环节都符合法定程序。在实体法方面，检察机关要准确适用法律条文，确保案件处理结果的法律依据充分；在程序法方面，检察机关要严格按照诉讼程序，确保当事人的合法权益得到保障。二是精准打击犯罪。检察机关在办案过程中，一方面，要加强对犯罪行为的调查取证，确保证据确实充分，避免冤假错案的发生；另一方面，要根据犯罪的性质、情节和社会危害程度，依法追究犯罪嫌疑人的刑事责任，维护社会秩序和公共安全。三是加强人权司法保护。办案过程中严格遵守刑事诉讼法的规定，保障犯罪嫌疑人的合法权益不受侵犯。比如，对于采取羁押措施的嫌疑人，检察机关应当依法对羁押的必要性进行审查。不需要继续羁押的，应当建议公安机关、人民法院予以释放或者变更强制措施。同时，要加强对特殊群体如未成年犯罪嫌疑人、被告人的特殊保护，确保其在司法程序中得到公正对待。

（二）办实：确保案件处理的实效性，做到案结事了

“办实”是高质效办案的关键环节，要求检察机关在办案过程中确保处理结果的现实作用发挥具有正确的社会价值导向。一是注重化解矛盾纠纷。要把矛盾纠纷化解作为办案提档升级的重要抓手，综合运用公开听证、检调对接等方式化解矛盾。比如，对一些信访积案实行领导包案制，将法治教育与人文关怀相结合，破解“程序空转”困境。二是注重维护社会安全稳定。办案中要注重防范重大风险，特别是对涉众型经济犯罪、涉黑涉恶犯罪等严重影响社会稳定的案件，要加大打击力度，确保社会大局稳定。比如，对于一些养老诈骗、集资诈骗等涉及群众切身利益的案件，要深入了

解案件背景和当事人的诉求，积极寻求解决方案，努力实现案结事了。三是深化社会治理。检察机关在办案过程中，要注重对案件的预防和化解，特别是对于民事纠纷、行政争议等案件，要通过调解、和解等方式化解矛盾，减少诉讼的发生。

（三）办好：注重社会效果，发挥法治的预防作用

“办好”是高质效办案的目标追求，要求检察机关要积极运用“三个善于”理念，通过法治手段解决实际问题，确保案件处理的全面性。一是用心用情办好“小案”。“小案”虽小，却关乎人民群众的切身利益。人民群众对司法的需求并不是一纸冰冷的法律文书，要通过细致入微的工作，既解“法结”又解“心结”，真正让公平正义可感可触。二是加大释法说理力度。在确保办案质量的同时，切实提高法律文书的释法说理水平。对于审查性、终局性文书，以实质法律关系为基础，以法治精神为关键，以“法理情”的统一为目标，讲清关键情节、争议热点、关注焦点，讲透法律依据、司法政策，讲好天理国法人情。三是提升人民群众获得感。人民群众的获得感是衡量检察工作成效的重要标准。比如，对于特殊弱势群体，要通过司法救助、支持起诉等方式，确保案件处理结果让人民群众满意。

（四）办快：创新管理模式，提高办案效率

“办快”是高质效办案的重要保障，要求检察机关在办案过程中合理分配司法资源，确保案件处理的时效性。一是完善繁简分流机制。加强轻微刑事案件办理分流过滤审查，推进繁案简办、简案快办，切实提高办案效率。比如，对于事实清楚、证据确凿、案情简单的危险驾驶、盗窃等案件，可以适用速裁程序进行集中审理，缩短办案周期。对于人数众多、新类型复杂案件，则要集中力量进

行审查。二是加强信息化、智能化建设。充分利用现代信息技术手段，提高办案效率。比如，通过电子卷宗系统、远程视频提讯等方式，减少纸质材料的流转时间，提高办案效率。三是发挥激励引导作用。建立科学合理的考核评价激励机制，把管案与管人有机结合，做实对“案”的评价与对“人”的管理同向发力，营造争先创优、实干担当的氛围。

（五）办活：提升司法效能，促进管理、创新治理

“办活”旨在延伸办案效果，激活司法参与社会治理的深层价值，是高质效办案的升华。一是加强办案质效分析研判。建立分析结论效果评价运用机制，善于分析挖掘案件背后的苗头性、倾向性问题，提出具体可操作的意见建议，促进相关行业、部门、领域提升治理效能、完善制度机制，达到监督办案促进社会治理创新发展的目标。二是积极参与社会治理。针对社会治理中的突出问题，开展综合治理行动，整合各方资源，形成工作合力，推动问题的解决；通过法治宣传教育，提高公众的法律意识和法治观念，从源头上预防和减少违法犯罪行为的发生。三是发挥典型案例示范效应。树牢“一个案例胜过一打文件”的理念，通过对典型案例的深入分析，总结成功的治理经验和做法，为类似案件的处理提供参考和借鉴。通过媒体宣传、公开报道等方式，加强对典型案例的宣传和推广，提高公众对治理经验的认知和接受度。

“高质效办好每一个案件”离不开高质效管好每一个案件。检察机关要扛牢抓管理和抓办案的责任，以“求极致”精神持续深化改革，不断强化管理理念，树牢“产品意识”，把牢质量关、推动标准化、实现精益化。

“三个结构比”案件管理工具研究

董可飞　任　洁　李紫君*

目　次

* 董可飞，湖北省十堰市郧阳区人民检察院党组书记、检察长；任洁，湖北省十堰市郧阳区人民检察院第六检察部副主任，三级检察官；李紫君，湖北省十堰市郧阳区人民检察院第六检察部四级检察官。

（二）以“三个结构比”为资源配置指南，实现案件精准管理

（三）以“三个结构比”为管理抓手，激发监督办案新效能

随着全面依法治国的深入推进，检察机关面临从“数量驱动”向“质量优先”的转型压力。传统管理模式依赖单一数据指标评价办案质效，易导致“唯数据论”倾向，难以全面反映法律监督职能的履行效果。在此背景下，最高检提出“一取消三不再”，旨在通过结构性指标优化管理效能，实现“高质效办好每一个案件”的价值目标。以“三个结构比”为方法论工具，破解传统检察管理的结构性矛盾，推动检察业务管理从分散化向体系化、从结果导向向过程质效并重转型。这既是落实“高质效办好每一个案件”的实践要求，也是检察工作服务国家治理现代化的必然路径。

一、“三个结构比”的定义与构成

“三个结构比”是检察业务管理创新工具，旨在通过宏观视角分析检察履职的整体态势，推动“四大检察”全面协调充分发展。

履职结构比，指“四大检察”（刑事检察、民事检察、行政检察、公益诉讼检察）案件比重结构数值。该指标的设置旨在改变长期以来刑事检察“一家独大”的状况，切实推动“四大检察”全面协调充分发展。

案件结构比，指依程序办案与依职权监督的比重结构数值。该评价算法中，检察机关审查逮捕、审查起诉等履行司法职能的案件被评价为司法办案，而民事、行政、公益诉讼检察以及诉讼监督等履行法律监督职能的案件，则被评价为监督办案。① 案件结构比旨

① 刘计划、赵家祥：《依程序办案与依职权监督的案件结构比研究》，载《人民检察》2024 年第 17 期。

在改善当前司法办案与监督办案结构失衡问题，强调检察机关在履行司法办案职能的同时，应当更加积极履行法律监督职责，提升法律监督质效。

案源结构比，指案件依程序移送、依申请受案与主动发现的比重结构数值。其中，依程序移送是指其他机关依照法定程序移送的案件；依申请受案是指基于当事人申请而受理的案件；主动发现则是检察机关充分发挥法律监督职能，在充分调查核实的基础上，自行发现办理的案件。① 这一指标能直观反映检察机关案件线索的来源渠道，旨在提升检察监督的主动性，推动法律监督工作提质增效。

二、“三个结构比”的价值

（一）“三个结构比”是检察机关落实习近平法治思想的具体体现

最高检党组提出，要持续推进习近平法治思想的检察实践，这是新时代新征程检察机关的重大任务，指引和统领着当前检察工作的全部实践。② 检察机关作为国家法律监督机关，必须聚焦法律监督主责主业，推动检察工作全面协调充分发展，这既是宪法赋予的神圣职责，也是检察机关落实习近平法治思想的必然要求。“三个结构比”的科学运用，从宏观和趋势上把握区域检察工作规律，促进了各项检察职能在党的领导下全面协调充分发展。同时，习近平法治思想坚持以人民为中心的根本立场，这也是新时代检察工作的行动指南。在新发展阶段上，与人民群众对民主、法治、公平、正

① 王志坤：《案源结构比的理论阐释》，载《人民检察》2024 年第 17 期。

② 《应勇：持续推进习近平法治思想的检察实践》，载最高人民检察院网 2024 年 9 月 10 日，HTTPS：//WWW. SPP. GOV. CN/TT/202409/T20240910_ 665768. SHTML。

义、安全、环境等方面的新期待相比，检察工作还存在着很多不足。《中共中央关于加强新时代检察机关法律监督工作的意见》就明确指出，检察机关"法律执行和实施仍是亟须补齐的短板，检察机关法律监督职能作用发挥还不够充分"。"三个结构比"将检察工作看作一种"产品"，通过牵引带动检察"供给侧"结构性改革，着力解决制约检察工作的结构性矛盾，将进一步优化检察工作，不断提升人民群众司法获得感和幸福感。

（二）"三个结构比"为新时期改进和加强检察工作提供方向指引

应勇检察长多次强调，要不断深化对"三个结构比"的理解、认识、运用。"三个结构比"是对一定时期、区域内"四大检察"履职情况的宏观判断、趋势判断和系统判断，是科学评价、指引检察工作高质量发展的有效抓手，有利于进一步提升对检察工作的系统认识，针对性地做好固强补弱工作，牵引带动检察工作朝着更加全面、协调、充分的方向健康发展。① 检察机关通过对"三个结构比"的静态分布情况进行分析，可以掌握被观测地区在一定时期内的检察业务基本态势，横向比较出自身的特点和优势；而通过观测"三个结构比"的纵向变化，则可归纳检察业务发展的趋势，进而预判业务动向，针对性地调整检察资源配置。同时，"三个结构比"具有很强的实践性。"四大检察"履职结构比反映"四大检察"案件总体态势，通过引导检察机关有针对性地强弱项、补短板，有助于消除法律监督"木桶效应"，优化检察权在四大领域的整体布局。案件结构比对标"在办案中监督、在监督中办案"履职要求，倡导

① 奚玮：《彰显"三个结构比"方法论价值促进刑事检察提质增效》，载《检察日报》2024 年 8 月 21 日第 3 版。

检察机关一体履职、综合履职的工作导向。案源结构比从检察机关监督办案具体实践角度，引导检察办案人员积极发挥主观能动性，主动发现案件线索，拓展法律监督线索来源渠道，不断提升法律监督能力水平。

（三）“三个结构比”是推动检察业务管理现代化的重要举措

推动检察业务管理现代化，是检察机关深入学习贯彻习近平法治思想、推动“四大检察”全面协调充分发展的重要举措。2024 年 1 月，最高检印发《关于加快推进新时代检察业务管理现代化的意见》，为加强检察业务管理工作，以高水平业务管理服务和保障高质效办案提供了工作指引和具体遵循。“三个结构比”是检察业务管理现代化进程中的重要突破，其跳出过去单个评价某一类检察工作的思维定式，打破“四大检察”业务边界，对不同检察类别、不同业务类型进行综合评价，更加注重宏观性、综合性、周期性地考察检察机关是否落实一体履职、综合履职。这种创新的整体评价视角，能够及时发现业务核心问题，在业务管理方面发挥纲举目张的作用。同时，“三个结构比”的组合评价体系之间互相影响，对其中某一结构比的调整，将推动整体结构比的变化，这种相互协调的多维关系，意味着“三个结构比”的结构相对稳定，其作为检察业务组合评价体系，更加客观可信，是检察业务管理现代化的科学手段。

三、“三个结构比”为检察业务管理提供方法论指引

（一）打破业务边界，以全量数据构建“大管理”格局

刑事检察、民事检察、行政检察、公益诉讼检察“四大检察”

成为检察机关法律监督的主体框架和“基本盘”。[①] 长期以来，存在刑事检察与民事、行政、公益诉讼检察的“结构失衡”问题。以“三个结构比”为方法论，运用全量数据，对一个时期、一定区域内“四大检察”履职情况进行宏观判断、趋势判断、系统判断，直观反映“偏科”程度，为检察长和检察委员会对检察业务进行宏观管理提供精确的全量视角。需要注意的是，正确运用“三个结构比”，必须跳出“数据指标”的认知陷阱，“三个结构比”的表现形式为数字，但对其的运用不能仅限于数值升降、数值大小评价，应着眼于其长期、动态的变化，透过数据表象，准确把握“四大检察”的发展态势与发展规律。“三个结构比”的运用，归根结底是底层逻辑的转变，透过数字表象，看见的不是“问题”案件，需要挖掘“问题”案件的原因，解决问题的思维模式从“治标”向“治本”转变。因此，数据本身没有好坏，都是检察机关当前工作运行的客观展示，需要坚持“合理即最优”的价值导向。

（二）动态调控，平衡办案与监督的资源配置

检察机关作为宪法规定的法律监督机关，法律监督工作是一项独立的职能。在过往的司法办案评价体系中，通常侧重于对审查逮捕、审查起诉、监督事项等案件数量的量化评估，较少考量办案数量与监督数量之间的比例分配，这就导致检察资源分配难以满足精细化、系统化办案模式的需求，进而成为“就案办案”现象产生的根源。以案件结构比为参考，优化检察“供给侧”司法输出，打破“一岗干终生”的司法资源配置模式，动态调整检察资源分配，使跨部门、跨专业人员流动成为常态，在“人”与“案”相匹配的目

① 《第十三届全国人民代表大会第二次会议关于最高人民检察院工作报告的决议》，载《人民日报》2019 年 3 月 16 日第 2 版。

标追求下，统筹做好“管案”与“管人”，向内挖掘人员潜力、提升履职效能。

（三）激发内驱力，从被动受理到主动治理的范式转换

案源结构比注重分析依法定程序移送、依当事人申请、依职权主动发现的线索占比情况，直观展示案件来源渠道，可以衡量案源渠道及拓展案源的主动性。通过强化业务部门自我管理，在被动受案的同时，增强工作的主动性，精准拓宽法律监督线索渠道。一方面，增强一体履职、综合履职整体效能。强化监督线索发现和集约管理机制效能，统一移送标准，建立跟踪督办机制，提升内部监督线索成案率。另一方面，主动突破传统的监督办案模式，智能筛查与人工审查并用，将大数据监督理念紧密融入检察履职，获取优质线索，从个案办理到类案监督，精准发现并及时堵塞类案背后的系统性、链条性治理漏洞。

四、运用“三个结构比”推进检察业务管理现代化的实践路径

（一）以“三个结构比”为战略工具，优化检察业务管理顶层设计

1. 做实全要素分析研判，服务宏观管理。开展检察办案质效分析研判，是加强检察业务宏观管理的重要方式。在保证数据真实、客观、准确的前提下，充分发挥业务数据分析研判功能。[①] 运用“三个结构比”等方法对检察业务数据进行全要素分析，关注业务运行态势，洞察发展趋势，及时发现业务数据异常，联合业务部门

① 巩宸宇：《更加注重检察业务管理案件管理质量管理　促进做实“高质效办好每一个案件”》，载《检察日报》2024 年 10 月 17 日第 1 版。

开展业务分析研判会商，服务检察长和检察委员会宏观管理和科学决策，针对性地纠偏正向，引领回归健康发展轨道，促进检察管理更加科学、检察履职更加精准、“四大检察”更加均衡。

2. 做好分析研判“后半篇文章”，实现自我管理。应勇检察长强调，“高质效办好每一个案件”，难在“每一个”。“三个结构比”反映的是宏观抽象的检察业务运行趋势，但“三个结构比”是否合理则是“每一个”微观具象个案质效的聚合。各业务部门回归高质效办案的本职，工作不再“盯着数据看”，办案不再“围着数据转”，在尊重司法规律的前提下，把“有质量的数量”和“有数量的质量”统筹在更加注重质量上。分析研判会商的关键在“商”，落实“商”这个关键、落实好“商”后意见的跟踪督促，需要各业务部门通力协作。更加注重分析研判对巩固优势、破解难题和改进业务的引导作用，加强对分析意见的跟踪、反馈，实现业务部门自我管理。

3. 做实成果转化，积极参与社会治理。党委、政府的中心工作推动到哪里，检察业务分析研判的法治参考作用就跟进到哪里。在科学运用“三个结构比”的同时，灵活组建跨“四大检察”及跨两级院的“数据治理”检察官办案组，建立“数据分析 + 请示报告”模式，着重深挖犯罪治理和执法司法突出问题，有针对性地提出对策建议，如针对频发、高发案件，及时分析案件走势及治理情况，推动相关犯罪处理更加精准，体现检察机关在社会治理方面的贡献度，发挥好检察机关作为社会“窗口”的作用。

（二）以“三个结构比”为资源配置指南，实现案件精准管理

1. 建立动态检力资源调配机制。通过综合履职，将“四大检察”职能融合在一起，协调互补、联合发力。打破部门、条线限

制，在入额院领导名下建立联合检察官办案组，针对刑民交叉、民行交叉、行刑衔接等案件特点，调配检察官、检察官助理，通过定期会商、部门间联席会议等方式，实现部门间信息互通，提高沟通协调效率，形成更强的监督合力。

2. 优化“人”“案”相匹配的分案机制。在当前以随机分配为主，指定分配为辅的案件分配规则下，建立多维度智能分案管理机制。首先，充分运用检察业务应用系统历史数据，在办案数量、办案周期等基础指标上，增加监督案件办理、类案办理等专业指标，调研、典型案例等发展指标等多种维度，完成检察官专业素能“人物画像”。其次，统筹“办案”“监督”数量，根据案件复杂程度设置不同权重，综合刑事、民事、行政、公益诉讼案件类别，建立分类模型。再次，在确保办案质量的前提下，均衡检察官“办案”“监督”总工作量。打破原有单纯以案件数量评价分案是否均衡的模式，按照“办案”“监督”总工作量予以评价。最后，建立分案执行反馈机制。定期分析分案效果，对检察官办案数量、办案时长、办案质效进行测算，根据情况动态调整分案策略。

（三）以“三个结构比”为管理抓手，激发监督办案新效能

1. 加强数字检察赋能。数字时代，数字检察成为各项检察工作提质增效的重要引擎，“三个结构比”的落实推进也应与数字检察的改革成果深度结合，更加充分释放其牵引带动作用。要充分发挥数字检察对于拓展检察监督线索的重要意义，树牢大数据思维，依托对大数据法律监督模型，在数据挖掘、分析研判的基础上，批量发现监督线索，不断提升检察机关主动发现线索的能力。在监督路径上，数字检察推动实现法律监督模式从个别、偶发、被动监督转变为全面、系统、主动监督，充分发挥数字检察对于法律监督的驱动作用，积极探索类案监督，不断提升法律监督质效。

2. 探索建立法律监督线索库。高质量的监督线索是一体履职的基础，也是高质量办案的前提。将各渠道收集的监督线索，按照诉讼监督种类归集，实行专人管理、编号管理。区分一般线索与重大线索，按照不同的流程，设置合理期限办理。与重大监督事项案件化办理、内部移送法律监督线索的机制联动，实现监督线索分块收集、分类标注、分流处理、分类督办。

3. 健全内部监督线索移送机制。一方面，延伸内部监管触角，推动外部法律监督。案件管理部门是检察业务管理枢纽，是检察业务数据的管理者，增强案管人员在案件受理审查、流程监控、数据质量监管等工作中，发现法律监督线索的意识和能力，一体做好法律监督线索的发现、内部移送和管理，以内部监督职能推动整体法律监督职能履行。另一方面，健全内部法律监督线索评价方式。将"挖掘监督线索"与"办理监督线索"进行相同权重的评价，同步提高各条线检察官在办案中发现法律监督线索的主动性、办理移送线索并成案的积极性。

检察机关一体抓实“三个管理”的基层实践探索

诸春燕　丁诗元　武东方*

目　次

* 诸春燕，上海市闵行区人民检察院第六检察部主任，四级高级检察官；丁诗元，上海市闵行区人民检察院第六检察部五级检察官助理；武东方，上海市闵行区人民检察院第六检察部五级检察官助理。

（二）依托“个案全景地图”赋能案件管理更加高效

（三）依托“全过程在线管理”赋能质量管理更加优化

2024年10月，最高检党组作出“一取消三不再”① 的重要决定之后，同步部署一体抓实“三个管理”，推动构建检察“大管理”格局。“一取消三不再”的实施，标志着检察机关在管理理念和方式上的一次重大转变。“三个管理”概念的提出，为新时代检察管理提供了新理念、新要求和新路径，同时对四级检察机关更新管理观念、转变管理方式提出了更高要求。最高检强调，“三个管理”不能“左右一个样、上下一般粗”，四级检察机关要一体抓实、各有侧重、上下贯通。在此基础上，基层检察机关应明晰自己在“三个管理”体系中的定位，结合地域实际探索创新路径，从不同维度和不同层面构建更加科学高效的管理模式，以符合司法办案和检察活动规律的现实需求。但由于长期形成的管理思维惯性难以在短期内扭转，部分基层检察机关仍然存在对一体抓实“三个管理”的目标传递不畅，对应该“干什么”“怎么干”的思路不清晰等问题。本文聚焦基层检察院一体抓实“三个管理”的实践探索，深入探讨“三个管理”的逻辑面向、实践路径及优化策略，希冀为基层检察机关一体抓实“三个管理”提供“样本”，以高质量检察管理促进高质效检察履职。

一、基层检察机关推进“三个管理”的逻辑面向

近年来，检察机关监督办案质效总体向好，但与“高质效办好每一个案件”要求相比仍有不足。“一取消三不再”为基层检察机

① “一取消三不再”是指取消一切对各级检察机关特别是基层检察机关的不必要、不恰当、不合理考核，不再执行检察业务评价指标体系，不再设置各类通报值等评价指标，不再对各地业务数据进行排名通报。

关回归高质效办案本职提供了契机。“三个管理”以“高质效办好每一个案件”为核心价值追求，是“努力让人民群众在每一个司法案件中感受到公平正义”目标的实践转化，其推进逻辑体现在法治性、管理性与工具性的有机统一，为基层检察工作提供方法论指引、为评价法律监督工作提供新的抓手。

（一）发挥“大管理”格局管理效能，服务高质效办案

最高检《关于加快推进新时代检察业务管理现代化的意见》中首提“大管理”，但检察管理并不是新名词、新概念，自检察机关成立至今，管理从未缺位。“高质效办好每一个案件”必然要求高质效管好每一个案件。持续推进习近平法治思想的检察实践，检察管理既是重要内容，也是重要保障。① 传统检察管理强调“案管部门”的管理，一定程度上产生了将案件管理和案件办理相割裂的认识偏差，检察官自我管理相应弱化，需要通过“大管理”格局重塑管理概念。“三个管理”致力于破除形式主义，为基层检察机关以“提升质效”为核心的管理模式提供新的管理范式，通过构建“大管理”格局，重塑检察管理概念、重构检察管理体系、重建检察管理标准，使管理水平和效能更适配高质效办案的需求。要求基层检察机关尽快转变观念，把司法理念从完成考核任务向保证公平正义转变，以高质效履职办案为载体，做实为大局服务、为人民司法、为法治担当。② “三个管理”并非简单的制度叠加，而是统筹推进“减负”与“履责”的科学管理手段，推动基层检察管理从关注“办案合格率”向提升“群众满意度”转变，实现从司法产品向法

---

① 应勇：《构建检察“大管理”格局一体抓实“三个管理”推动高质效办案》，载《人民检察》2025 年第 7 期。

② 黄德清、陈梦月：《新时代基层检察管理效能提升路径探析——以一体抓实“三个管理”为视角》，载《法治时代》2025 年第 6 期。

治精品的目标升级，已然成为锚定高质效办案的价值目标、保障司法核心价值的关键路径。

（二）为“高质效办好每一个案件”提供管理工具

“一取消三不再”引导检察机关将注意力从单纯的数据追求转向高质效办案，回归检察工作的本质，为基层检察机关回归高质效办案本职提供契机。高质效办案蕴含的精细审查、精准认定、精心处理和精到治理等要求，都依赖于管理主体、管理方式、监管环节等的系统集成，离不开检察一体化的组织机制保障和“三个管理”的管理模式优化升级。①“三个管理”涵盖高质效办案、系统思维和司法责任制，以高质效为核心的管理导向破解了“一管就卷、不管就躺平”的传统管理矛盾，填补了传统检察管理重数据、轻实效的空白，回归了司法规律，进一步推进基层检察工作的全面协调充分发展。从逻辑关联看，业务管理引领方向，强调宏观战略与微观实践的辩证统一；案件管理支撑运行，体现程序意识与系统思维；质量管理反馈提升，贯穿法治意识与闭环思维。“三个管理”融合系统论、权变理论、人本原则等现代管理理念，丰富了现代管理理论在司法领域的应用，为基层检察机关进行检察管理提供了新的工具抓手，为检察管理科学化提供了新的思路。

（三）基层检察机关一体抓实“三个管理”的侧重点

“三个管理”由表及里、层层递进，有关联交叉、有共性个性，是一个系统的整体。②“三个管理”在不同层级有不同体现，基层检

① 陈勇：《在检察一体化视阈下抓好“三个管理”推动“高质效办好每一个案件”落到实处》，载《人民检察》2025 年第 2 期。

② 丁西超：《从系统性思维把握“三个管理”的科学性》，载《人民检察》2025 年第 7 期。

察机关在面临检察管理从简单数据管理转向更加注重业务管理、案件管理、质量管理时，应在实践层面明晰管理侧重点，形成适合于本级、本地特点的管理模式。具体而言，业务管理是围绕检察业务进行的宏观管理，应当侧重于对基层检察工作的整体规划、组织和协调，贯彻落实上级检察机关的工作调度，确保各项检察业务有序开展，通过科学的业务管理优化资源配置，明确工作流程和职责分工，减少不必要的重复劳动和资源浪费，提高办案效率。案件管理是紧盯办案过程进行的中观管理，应当聚焦于对具体案件的流程监控、质量管控等，保障案件办理的规范性和公正性，通过对案件办理的各个环节进行严格控制，及时发现和纠正问题。质量管理是针对案件质量进行的微观管理，应当偏向于对检察工作整体质量的把控，通过高质量办案和规范化管理，提升群众对检察办案的满意度和信任度，增强司法公信力，推动检察工作高质量发展。

此外，最高检强调不仅要贯通推进“三个管理”，也要深入推进数字检察战略，积极探索大数据、人工智能等技术辅助司法办案。数字技术为检察管理提供了新的优化路径，同时也必将对司法管理模式、司法责任认定追究方式带来新的挑战。[①] 基层检察机关不仅是一体推进“三个管理”的重要力量，也是数字检察应用的主力军，如何将“数字检察”与“三个管理”一体推进、将技术赋能与管理创新深度融合，以“数字化管理”助推“高质效办案”，同样值得重视。

二、 基层检察机关推进“三个管理”的实践路径

围绕“高质效办好每一个案件”一体抓实“三个管理”构建“大管理”格局的创新发展对基层检察机关提出新的更高要求。必

① 高景峰：《数字检察的价值目标与实践路径》，载《中国法律评论》2022 年第 6 期。

须坚持凝聚思想共识、更新管理理念，强化统筹、因地施策，有效整合并丰富检察管理“工具箱”，构建具有特点的检察业务“大管理”格局。

（一）抓实业务管理，以制度建设为基础，构建“1+5+×”高质效办案管理模式

1. 通过制度引领明晰管理路径。检察业务管理机制创新是“三个管理”改革创新的“领头羊”。① 坚持理念更新与体系机制建设有机统一，对照上海市人民检察院（以下简称市院）“1+3+N”高质效管理体系，制定出台《关于加快推进高质效管理的实施方案》作为“1”，明确管理的总体要求；以业务指导、业务管控、业务评价、业务保障、外部监督5个体系为支撑，多层面、各领域辐射管案、管人、管权；同步制定“三类人员”履职正负面清单、案件质量检查评查、办案部门自我管理、内部监督管理发现问题分类处置追责等配套制度作为“×”，加快搭建业务质效管理的“四梁八柱”，理顺明责履责定责督责的责任链条。

2. 通过一体协同强化管理保障。以“管理职责清单化”方式明确细化不同管理主体的职能定位和管理重点，推动实现“五大管理主体”协同联动，有力引导全院上下落实“两个回归”。成立加快推进高质效管理领导小组，由检察长任组长，分管案管的副检察长任副组长，下设工作专班，各部门负责人担任专班成员，以“项目化”方式推动各层级业务管理责任落实落地，明确牵头部门、责任部门、具体落实步骤。对于跨条线、较为复杂的管理内容，确定二级分解方案。由职能部门定期分析已做、未做、待做事项，做到

① 参见高景峰：《检察机关业务管理、案件管理与质量管理一体推进的科学内涵与实践路径》，载《人民检察》2025年第4期。

“心中有数”，避免因过多的“全年推进”导致“落而不实”。

3. 通过业务管控明确举措。深化司法责任制与检察权运行规律研究，通过明晰权责边界，推动检察权规范运行，把质效分析作为检视办案质效和履职尽责成效的重要管理手段。强化检察长和检察委员会宏观管理，修订检察长、检察委员会审批、决定的工作流程，明确检察长、分管副检察长决定和批准的重大案件、事项范围，以及提交检察委员会讨论决定的重大、疑难、复杂案件范围，加强对重点环节、关键节点、特定案件的制约监督，确保放权与管权相统一。优化质效分析研判模式，建立“综合 + 专题”的分析研判制度，常态化落实“重要业务态势周报”“长期未结和办案负面数据专报”“全量业务月报”的通报机制，统筹抓好质效管理和监督办案，形成“既是质效分析会，又是工作调度会”的研判模式，针对上级院研判问题提示，形成质效管理清单，分层分类制定改进提升方案。

（二）抓实案件管理，以流程管理为重点，落实“高质效办好每一个案件”要求

1. 强化对新收案件的审前过滤。充分发挥侦查监督与协作配合办公室的实质性作用，实现案件源头治理，努力将办案精力从大量无效劳动中释放出来，投入“高质效办好每一个案件”中去。全面推进侦协机制规范化、实质化运行，构建“常驻 + 轮流”派驻模式，自主研发提前介入小程序，将案件受理审查关口前移至侦查环节，做到提前介入全覆盖，避免案件“带病”移送。制定诈骗、危险驾驶等 10 类常见罪名证据指引，覆盖本区超半数刑事犯罪案件，“类案清单式”引导公安机关侦查办理，更好实现审前过滤、诉前分流，不捕率和存疑不捕占比均有明显下降。

2. 构建“四大检察”分级分类管理模式。把握管理模式改革创

新的驱动作用，进一步激发检察人员精准规范履职的工作动能，推动“四大检察”全面协调充分发展。根据案件不同特点，以事前、事中、事后为节点，系统梳理11类主要业务各环节100余项监控点，形成《重点案件监控要点和风险提示清单》，依托设置在办案部门的联合监管小组，常态化做好提示预警，落实源头管控，确保高质效标准在潜移默化中融入司法办案日常。紧盯受案、繁简转换、退延、长期未结等重要节点，建立专门台账，强化专项监控，促进简案快办、繁案精办。

3. 加强对重点案件的审核把关。坚持“抓重点、破难点、明指引”，牢固树立法治意识、程序意识、证据意识，培育打造基层典型。依托检察官联席会议、刑事检察指导协调小组、创新项目管理机制、高校专家学者智库平台等，加强对重大敏感、疑难复杂、新类型等重点案件的跟踪管理、跟进培育，以“三个善于”引领做实高质效办案，防止就案办案、机械办案，努力选树和培育一批有影响、社会关切的案件。多件案例分获最高检最高法、市级以上典型案例。

4. 深化检察办案矛盾纠纷化解。以法治化为核心，强化前端治理与中端协同，推动矛盾化解实现从“被动响应”向“主动嵌入”的范式转变，构建矛盾纠纷实质化解模式，形成矛盾化解的法治化闭环。研究制定《检察履职办案全过程矛盾纠纷化解工作办法》，压紧压实承办检察官解纷主体责任，探索形成“全过程覆盖、全方位研判、全链条嵌入、全维度延伸”的“四全”高质效矛盾化解体系。

（三）抓实质量管理，以“每案必检”为关键，推动检查评查与奖惩追责相衔接

1. 制定检查评查清单。作为“每案必检”试点单位，出台检查

评查实施方案，着力实现检察官自查、部门检查、案管评查“三位一体”，重点解决检查评查力度不够、深度不足、覆盖面不广等问题。对标各业务条线自身高质效办案规范体系，细化“四大检察”各条线检查评查工作指引，从证据采信、事实认定、法律适用、办案程序、文书制作、监督履职、案卡填录等方面梳理 36 项问题清单，并将以往评查出现过的易发多发问题梳理汇总补充到清单中，确保问题点位全覆盖、无遗漏。

2. 构建“自查 + 检查”一体化“双检”模式。针对办案任务重的“超大区院”实际，通过设定“繁简分流”检查标准、统筹部门负责人审核与部门案件检查，分层分类推动实现“每案必检”：对侦诉一致且认罪认罚的案件作“快检”，对“减事实”“减罪名”“由重改轻”案件作“详检”；对诈骗、开设赌场等存在司法认识分歧、量刑建议调整多、质效问题集中的案件作“重点交叉检”；对民行公案件重点就新领域、新业态案件作“分类检”，并形成类案检查标准指引。试点以来，通过检查发现多条抗诉线索，个别案件经过检查原审查意见，由相对不捕改变为逮捕，经部门核查发现多个追漏线索和类案监督线索。

3. 推进检查与评查有序衔接。聚焦问题导向，统筹抓前端、抓过程与精准评价个案质量，以案促改、以评代训，倒逼检察办案提质增效。检察官自查与部门检查情况全程记录随案归档，建立专门台账，定期抄送工作专班开展分析研判。办案部门针对检查中发现的个案问题，及时提出完善意见，切实把质量问题解决在“出厂”之前。针对检查发现的一类问题，有针对性地开展专项评查，多次召开质量讲评会，总结细化类型化办案指引，带动办案质量的整体提升，在评查案件量同比上升的情况下，发现瑕疵案件情形下降超五成。

4. 推动质量管理与司法责任有效衔接。统筹遵循司法规律和回应实践需求，不断简化考核内容、优化考核机制，以高质效办案为导向优化考核体系。坚持从严监督管理与鼓励担当作为并重，完善“三类人员”考核评价办法，推进基层院建设考核各项指标落实落细，督促全院干警履职尽责。出台《内部监督管理发现问题分类处置追责工作办法（试行）》，对案件质量检查评查、业务数据核查、案件流程监控等发现的问题，聚焦检察官或检察官助理、检察辅助人员个体，尤其对于屡纠屡犯的，区分情节轻重设置不同层级的惩戒体系。针对跨年补录案卡和长期未结“挂案”等问题，分别对相关检察官、检察官助理采取年度考核等次、年度绩效奖金等次降档等措施，形成鲜明导向，从末端倒逼规范办案。

三、基层检察机关以数字赋能“三个管理”的优化策略

在中国式现代化、数字中国建设和社会治理数字化转型背景下，数字赋能推动检察管理提质增效已是必然趋势。上海检察先行先试，通过建设“数据驾驶舱”推进检察业务数据化，建设“个案全景地图”辅助办案行为的智能化，建设全过程在线管理系统实现管理行为的线上化，取得了一定成效。充分践行最高检对数字检察“业务主导、数据整合、技术支持、重在应用”的推进要求，充分依托上海数字检察建设成果，坚持“数字检察”与“三个管理”一体推进，坚持创新驱动、坚持数字赋能，以数字化项目应用为支撑，激发“高质效办案”“高质量管理”新动能，持续提升科学管理效能。

（一）依托“数据驾驶舱”赋能业务管理更加精准

坚持“业务数据化”“数据业务化”同步推进，依托“数据驾驶舱”，以可视化的“数据决策”代替传统的“经验决策”，抓实办案质效分析研判，深化数据驱动的检察管理新路径，发挥检察业

务管理枢纽作用。将海量的、零散的检察业务数据快速有效集成、分析、展示，以全量数据展示业务趋势，以细化颗粒展示业务态势，以深度整合展示业务结构，在整体上直观、实时地展示“四大检察”业务整体运行情况、案件繁简分流情况、主要办案质效等，支撑检察业务的整体管理、宏观管理。

（二）依托“个案全景地图”赋能案件管理更加高效

“个案全景地图”以鱼骨图形式逐案展现案件全部环节和办案行为，实时更新办案进度，并按照法律规定提示节点、规范程序、管控权限等，实现案件全流程一网通办、一网统管。全面应用“个案全景地图”为案件管理“减负增能”，将办案规范的硬要求转化为“全景地图”的硬约束。通过有力的程序引导、权限管理、节点控制、实体保障，全面赋能检察官严格依法、公正、规范办理每一个案件。通过定罪量刑要素自动提取、同类案件推荐、量刑建议辅助、裁判结果智能审查、捕诉案卡自动回填等应用场景的全面应用，有效辅助检察官梳理案情、准确把握事实、案件性质、争议焦点和法律适用，让检察官更加专注于办案。比如，通过对各办案环节产生的信息自动记录和汇总后进行案卡回填，从源头实现数据精准汇集，有效解决了案卡错填、迟填、漏填等问题。

（三）依托“全过程在线管理”赋能质量管理更加优化

依托全过程在线管理系统，强化案件办理全过程管控，深入推进融合式、贯通式、协同式的案件化监管模式，加快落实数字赋能检察管理新要求。把控案件受理、流转、办理、结案等各环节，通过监管案件办理、专项业务监管、监管案件复核、监管电子档案、监管业务分析五大板块，实时、动态更新监管规则 2000 余条，实现对在办案件监管常态化、规范化和全面化。强化检察管理主体协同，借助数字系统、争议分类处置等将所有管理主体都引入数字管理的大格局中，形成自我管理、部门管理和专门管理的协同工作闭环。依托全过程在线管理系统对已办结案件开展线上评查，根据案件类型、是否存在程序或实体问题等，自动筛选分流开展常规抽查、重点评查、专项评查，多方发力协同提升管理质效。目前，正探索以数字化项目实现案件质量检查线上化，赋能办案人员、办案部门的自我管理、过程管理，让每一名检察官都拥有自己的“超级管家”，成为实现“每案必检”的有效手段。

业务研究

YEWU YANJIU

检察机关案件流程监控机制研究

李学峰*

目 次

发轫于检察机关案件管理机制改革的案件流程监控，在其诞生

* 李学峰，山西省人民检察院案件管理办公室三级高级检察官。

之初就被赋予了以发现检察办案质量问题、堵塞质量漏洞为己任的厚望①，对于强化内部监督制约、规范司法行为、促进公正高效司法意义重大，具有鲜明的中国检察特色。对照“高质效办好每一个案件”的基本价值追求，当前案件流程监控工作仍然存在一些薄弱环节。深入研究案件流程监控制度，破解其检察实务中的思维定式和路径依赖，以高质效的检察履职牵引案件流程监控系统化、规范化、实质化发展，具有积极的理论和实践意义。

一、研究基础：案件流程监控的理论基础和我国的积极探索

检察业务管理的中国特色，根植于中华法系特色鲜明的司法管理制度和对优秀传统法律文化的历史传承，体现于生动的检察业务管理实践对于我国社会变化趋势的敏锐观察和积极应对，以及我国司法传统对于当前检察业务管理体系潜在而深远的影响②。作为检察业务管理体系的重要组成部分，案件流程监控更加注重检察办案秩序的规范与建构，其独特品质在于执着地认为案件程序性管理的目的在于通过对检察权运行有效的监督制约来提高检察办案的规范化程度③，以高质效管好每一个案件助推“高质效办好每一个案件”，具有丰富的蕴含和指向。

最高人民检察院于2003年印发《关于加强案件管理的规定》，首次以规范性文件的形式明确了“办案流程管理”的概念；2012年印发的《人民检察院刑事诉讼规则（试行）》为案件流程监控提供

① 参见罗发全、刘光辉：《流程监控工作实务问题及应对策略》，载《中国检察官》2021年第23期。

② 参见贺卫方：《中国司法管理制度的两个问题》，载《中国社会科学》1997年第6期。

③ 参见杨勇、张曦：《案件管理的原则与运行》，载王晋主编：《检察机关案件管理工作理论与实务》，法律出版社2013年版，第173页。

了制度依据；2016 年发布的《人民检察院案件流程监控工作规定（试行）》（以下简称《工作规定》）明确了案件流程监控的基本原则、审查内容、工作措施等，为全面推进案件流程监控工作提供了基本遵循。2020 年全国检察业务应用系统（适应内设机构改革版）上线运行，案件流程监控开始向智能化监控迈进。2020 年以来，最高人民检察院相继印发《检察监督办案基本规范》《关于加快推进新时代检察业务管理现代化的意见》《人民检察院司法责任追究条例》等规范性文件，标志着契合检察办案特点规律的案件流程监控体系已经初步构建完成。要而言之，检察权自身蕴含的创新基因以及检察履职的生动实践共同催生了案件流程监控机制，其体系框架历经二十多年的发展已经基本搭建完成，深层次的理论研究与开创性的实务探索凝聚了更多共识，案件流程监控步入全面提升、创新发展的新阶段。

二、 功能定位：案件流程监控的价值取向

案件流程监控泛指检察机关案件管理部门依照现行的法律法规和相关司法解释、规范性文件等，对检察机关正在受理、办理的案件（包括对控告、举报、申诉、国家赔偿申请材料的处理活动）实施全流程管理，实事求是地对检察办案程序的合法性、规范性、时效性和完备性进行实时、动态的监督、提示、防控。

（一）守望检察办案程序公正的有效承载

程序公正具有法的程序性规范的正义属性，体现着一个国家司法制度的公正与否[①]。案件流程监控具备监督、规范、指引、纠错等基本功能，蕴含着我国传统司法的制度理性，其以自身“内在善

① 田平安、杜睿哲：《程序正义初论》，载《现代法学》1998 年第 2 期。

良”的工具性价值，“程序与实体相平衡”的司法理念，对于检察办案中的怠于履行职责、不规范司法、恣意擅断等顽瘴痼疾“治之于未乱”，坚持“以看得见的规范追求看得见的公正”的方式促进检察办案“校正正义”的实现，既富含科学性又符合规律性，为法律监督以“让人民群众可感受、能感受、感受到公平正义”的方式兑现司法公正提供了机制保障。

（二）推进检察业务管理现代化的有效举措

案件流程监控紧贴司法体制改革发展的现状及趋势，借鉴“扁平化管理”“流程再造”等现代管理理论，合理配置检察资源、科学设计组织制度，将检察办案中典型性、多发性、潜在性问题进行多元化防控与治理，从“抓末端、治已病”转向“抓前端、治未病”，把科学管理效能转化为高质效办案实绩，推动案件管理部门的专门管理与办案部门的自我管理、相关部门的协同管理有机融合，成为新时代维系“有效控权”与“充分放权”的动态平衡、以“业务之治”服务保障“检察之治”的应然选择。

（三）做实“高质效办好每一个案件”的有效途径

作为案件质量管理的一种基本方式，案件流程监控可以把检察办案依据的法律法规细化到每一个诉讼节点、固化于每一个业务流程，对于办案程序是否合法、防控措施是否合理等开展全流程监管，及时向相关部门移送监管中发现的涉及司法办案实体性问题、严重程序性问题的监督线索，形成“发现问题—分析问题—讲评问题—解决问题”的案件质量管理闭环。在参与、跟进、融入式监督中反哺检察办案，引导广大检察干警深入践行“三个善于”，办出更多“群众有感受、社会有共鸣”的高质效案件。

三、 实务检视：案件流程监控的实践检视

近年来，案件流程监控在司法实践中的运行呈现出常态化、规范化、智能化的发展趋势，增强了严格规范司法的刚性约束，提升了检察机关的司法形象和司法公信力。各地检察机关案件管理部门找准案件流程监控依法履职的切入点和着力点，细化监控规则、丰富监控方式，把规范化的程序约束贯穿于检察办案全过程。基于法律法规和相关司法解释、规范性文件的“四大检察”案件流程监控制度体系初步建成，深层次的理论与实务研究在职能重塑、实务探索、立法完善等方面凝聚了广泛共识。与此同时，案件流程监控在实践中也存在着一些问题。

（一）流程监控质效不彰，形式化倾向严重

1. 工作开展不平衡。一是地域差异性大。有的检察院能够综合运用“系统筛查+人工核查”的方式对重点案件、重要环节精准监控；有的检察院流程监控广而不深、泛而不精，难以客观、准确评价检察办案活动；有的检察院疲于应付，“监控偏科”的情形比较严重。二是监控方式不均衡。《工作规定》第3条原则性地要求“人工管理与依托信息技术相结合”，但是囿于制度、地域、人员等因素，实务中普遍存在过度依赖信息化系统而忽视“人工核查”的情形。三是监控范围不均衡。《工作规定》第2条规定“对正在受理或者办理的案件”可以开展流程监控，但是实务中的监控工作以刑事检察业务为主，其他三大检察业务则存在监控盲区。

2. 问题查摆不深入。一是存在形式化倾向。受“重案件办理、轻案件管理”“重监督、轻跟踪”等传统思维以及部门主义色彩的影响，案件流程监控的重心长时间徘徊于系统使用不规范、案卡填录不及时、一般性文书缺失等表面化、浅层次问题，对于严重违反

办案程序、严重侵犯当事人权益等问题的发现和纠正不多①。二是存在虚化弱化倾向。有的检察院月度、季度情况通报避重就轻，问题发现不全面、讲评不深入，监督意见的可操作性不强，案件流程监控刚性不足、质效不佳。三是存在畏难情绪。流程监管员不敢监控、不善监控、不愿监控的情形还在一定程度上存在，对于监控中发现的问题“大事化小、小事化了”，如将属于《工作规定》第 17 条规定的应当“向办案部门发送案件流程监控通知书”“报告检察长”的情形，采取了“口头提示”的监控措施。

3. 结果运用不充分。一是理念转换不及时。有的检察院不重视监督意见，对于执法司法中的不规范、不准确、不严谨等一般性个案问题不注重整改，致使前期反馈的问题屡禁不止。二是跟踪问效不深入。有的检察院对于案件流程监控中发现的典型性、倾向性问题是否引起高度重视、具体个案问题是否整改到位、涉嫌违纪违法的监督线索是否被查办等方面，缺乏强有力的跟踪督导。三是奖惩机制不健全。有的检察院没有将案件流程监控结果的综合运用上升到健全检察业务管理体系的层面而扎实推进，权威性不够，警示作用不强。

（二）组织协调配合不畅，统筹规划薄弱

1. “事项”化倾向严重。一是“事项”定位不准确。检察实务中尚未对“重大监督事项案件化办理”规则形成普遍的认同和遵循，各地对将案件流程监控纳入“案件”范畴的理解和认识并不统一，鲜有将违规办案“情节严重”的个案监控纳入“案件管理业务类案件”清单的生动实践。二是“职责”边界不清晰。囿于检察业务管理体系中案件管理部门并不享有完整的监督制约权能，面对办

① 参见申国军：《案件管理专题研究十八篇》，中国检察出版社 2023 年版，第 178 页。

案部门的敷衍、推诿，“组织协调和具体实施”逐渐成为尴尬的独角戏，实质化监控难以实现深层次突破。三是监控措施不全面。碍于同体监督的限制，虽然《工作规定》第16条明确了审查案卷、审核材料、核实情况等监控措施，但实务中更多地表现出提示性服务保障与程序性事务管理的倾向。

2. 一体化履职规模效应不显。一是基层基础建设存在短板。目前，司法体制改革仍处于积极推进阶段，基层检察院职能拓展与人员配备相对不足的矛盾还客观存在，合理配置检察资源、加强机构建设、优化人员结构等方面亟待进一步增强。二是流程监控力量相对薄弱。实务中，多见流程监管员“身兼数职”、流程监控“纵强横弱”的情形，案件流程监控与其他案件管理工作融合配合不足，未能互联互促形成工作合力。有的流程监管员对于案件流程监控的职能定位认识模糊，规则意识淡薄；有的流程监管员的业务素能与深入开展案件流程监控的现实要求不相适应，个别环节的流程监控工作不够规范。三是类案监督需要持续加强。部分检察干警未能很好掌握类案监督应当具备的检索、分析、归纳等数字化技能，案件流程监控仍然偏重于个案化、碎片化和随机性①，健全“个案监控—类案监督—系统治理”的发展路径必要而且迫切。

3. 信息化建设不够完善。《工作规定》明确了案件流程监控应当重点监督、审查的11个方面63项监督内容，尽管技术层面的障碍正在逐渐被突破，但是目前依托全国检察业务应用系统的预警功能可以适时监控的只有办案期限、信息公开、监督线索，以及对不捕、不起诉、撤回起诉、法院退回等案件的专项监控，与案件流程监控承担职责的多元化趋势不相契合。

---

① 参见傅信平：《检察机关法律监督研究》，中国检察出版社2022年版，第133页。

（三）制度机制供给不足，缺乏应有的规范和统一

1. 制度规则不够完备。检察实践并不缺乏评价司法行为的制度性规范，但是当前严格意义上的检察办案全流程监控体系尚未健全，质效评价标准散见于法律法规和相关司法解释、规范性文件①，规则比较粗疏，可操作性不强。

2. 保障机制不够健全。案件流程监控并不具备终局或者实体处理的效力，违规违法情形是否得到查纠整改，最终还是要由案件承办部门、检察官决定。除个案监控流程中的强制力保障，如报告检察长，各项制度的落地落实仍然离不开相关职能部门的协调配合。此外，案件流程监控、诉讼监督、检务督察对检察办案活动都负有监管职责，但是在性质、范围、效力等方面存在明显差异，需要通过健全工作机制，进一步厘清职责边界，避免监管越位、错位、重叠交叉。

3. 理论研究不够深入。经过多年的前瞻性、开创性理论研究，检察业务管理体系不断完善，但不可否认的是，理论研究中对于案件流程监控机制仍然存在认识分歧，甚至对于一些基础性理论观点还存在不同的解读，实务中的一些困惑和顾虑也亟待理论上的积极回应。

四、路径策略：以高质效检察履职牵引案件流程监控科学发展

（一）持续高位推进，促进案件流程监控系统化

1. 坚持理念创新，强化质量意识。案件流程监控的核心价值在

① 比如，《〈人民检察院刑事案件办理流程监控要点〉条文解读》明确的刑事案件流程监控的内容，就是从检察业务管理的角度出发，立足于刑事案件办理中的突出程序性问题，有机整合了散见于 85 部不同法律、法规、司法解释和规范性文件中与刑事案件办理有关的程序性规定。

于加强对检察权运行的制约监督，以高水平的案件管理服务、引领检察工作高质效发展。各级检察机关应当将案件的管理与办理放到同等重要的位置，坚持围绕案件流程监控从粗放式管理向精细化管理转变、从数量与质量并重向质量优先转变、从浅层次的个案监控向深层次的类案治理转变的目标导向，注重通过优化组织情境、效度检验等非智力因素提升检察干警的胜任力，培养更多一专多能的“全科检察官”，加快形成案件流程监控系统化操作、规范化运行、实质化开展的生动局面；遵循形式合法、内容正当、范围有限等基本原则，做实“有效监督”，把最终是不是提高了检察办案质效作为丈量案件流程监控效能的标尺。

2. 加强顶层设计，注重示范引领。牢固树立“案件流程监控即办案”理念，逐步完善对象上全覆盖、责任上全链条、制度上全贯通的案件流程监控规则体系，重塑以依法履职为基石的科学管理范式，将对“案”的监控融入对“人”的评价，释放出案件程序管理越来越严格、案件质量要求越来越高的强烈信号①。梳理和总结各地案件流程监控在组织实施、结果运用、综合保障等方面的试点探索和创新实践，形成可复制、能推广的工作经验，为持续优化和完善案件流程监控体系提供思路和启迪。

3. 深化理论研究，引领实践探索。推进实践基础上的理论创新，坚持从宏观、中观层面加强案件管理基础理论、案件管理改革发展、检察业务数据监督管理、案件质量监督管理、办案程序监督管理和内外部监督等方面的理论研究②，拓展契合我国检察实践的案件管理话语体系，努力为持续完善案件流程监控体系和推动案件

① 参见胡春健、张云翔、高飞：《个案评查中的评价标准、评查思路和要点——以如何准确评定四类重点案件的等次为视角》，载《人民检察》2025 年第 1 期。

② 参见最高人民检察院案件管理办公室原主任申国军于 2014 年 12 月在中国法学会检察学研究会案件管理专业委员会第二届年会暨研讨会上的总结讲话。

管理实践更加富有成效提供科学指引和理论支撑。

（二）健全工作机制，促进案件流程监控规范化

1. 构建完善预警、提醒和定期通报工作机制。建立案件流程监控日志和问题台账，全面记录流程监管员在审查案卷、查阅系统、核实情况时发现的违法违规问题，向办案部门反馈情况，处理纠正情况等基础信息，特别是对监察机关移送职务犯罪案件、检察机关直接受理侦查案件、上级交办督办案件、涉检涉诉信访案件等重点类型案件的监控信息，做到程序管理可查可控、全程留痕。建立和完善问题反馈与督促落实工作机制，定期梳理、甄别和研究案件流程监控中发现的倾向性、多发性问题和潜在风险，及时通报案件办理中不规范行使检察权甚至滥用检察权的情形。通过口头提示案件承办检察官、提醒办案部门、发送案件流程监控通知书、内部监督线索移送、报告检察长等多元化监管路径，督促办案部门认真落实监督意见。建立和完善容错纠错工作机制，坚持客观公正立场的同时注重换位思考。持续跟踪问效，做实案件流程监控“后半篇文章”。对于监督意见“到期不整改”“整改打折扣”“屡纠屡犯”等情形，除定期通报外，还要作为内部监督线索移送本院检务督察部门依规处理。

2. 构建完善一体化履职工作机制。统筹推进纵向的系统集成和区域联动，上级检察院侧重于领导指导与资源整合，对辖区内的案件受理、办理活动组织精细化日常监控，对办案期限、强制措施、权利保障等重点审查环节开展专项监控和重点监控；下级检察院侧重于发挥基础性作用，精准化个案监控，为检察办案提供实时运作的“防火墙”。系统推进横向的组织协调和综合履职，将案件办理、案件管理、检务督察、检察技术、组织人事等各方面力量“拧成一股绳”，推动解决基层案管人员少、任务重、时间紧、要求高等现

实困难，努力把检察办案中的不规范、不完备、不及时等程序性问题解决在基层、化解在萌芽状态。

3. 构建完善重大监督事项案件化办理工作机制。积极探索重大监督事项案件化办理工作模式，优化检察官权力清单和案件清单①，持续完善"案件管理业务类案件"职权划分、案件范围、办案流程、交办督办、监督管理等方面的法规制度。对于案件流程监控中发现的"违法办理案件""违规办案情节严重"等可能产生严重后果的"重大监督事项""未依法对立案、侦查、审查逮捕、公诉、审判等诉讼活动以及执行活动中的违法行为履行法律监督职责"的情形，案件管理部门可以因案制宜采取"办案"模式提出"纠正意见"，推动案件管理从"业务综合性管理"向"案件化办理"根本转变②，有效克服"办事"模式行政化管理倾向严重、制约监督虚化弱化、程序监管刚性不足等弊端，既把控个案质效，又牵引检察业务管理整体向前。

（三）多元融合履职，促进案件流程监控实质化

1. 统一案件流程监控规范与适用标准。持续优化案件流程监控实务操作指引层面的监控规范与适用标准，完善检察办案环节的实施细则和具体案件类型的工作指引。从实务操作层面看，各市（县）检察院可以根据本地区案件类型、特点等实际情况，结合最高人民检察院各业务条线的办案指引，围绕"四大检察"案件办理流程监控要点，形成具体落实层面的制度规范和评价标准，更好促

① 比如，《山西省检察机关检察官权力清单》将"统一负责办案流程监控"纳入"案件管理业务职能"范围；《山西省检察机关案件清单》将"流程监控案件（发现违法违规事项并提出纠正意见）"纳入"案件管理业务类案件"的范围。

② 参见李辰：《检察监督视野下重大监督事项案件化办理制度的建构》，载《法学杂志》2018 年第 8 期。

进和保障高质效检察办案。

2. 日常监控、重点监控与专项监控相结合。日常监控侧重于强调案件流程监控的“覆盖面”，检察院的每一个在办案件原则上都在日常监控的范围之内；重点监控侧重于强调案件流程监控的“关注点”，可以将检察办案中的重点类型案件、重要办案环节，以及院党组安排部署、上级院重点推进、本院统筹规划的监管事项，纳入重点监控的范围。专项监控兼具日常监控和重点监控的特点。将案件流程监控的侧重点放到更容易出现办案质量问题的“关注点”上，突出对检察办案重要节点、关键环节的审查核查，系统推进更广覆盖面、更深穿透力、更高认可度的检察业务管理。

3. 推进经常性案件管理工作融合互促。一是有效衔接案件流程监控与案件质量评查。把案件质量评查对个案办理质效的综合评价延伸至案件流程监控对类案监督的前置化预防。比如，梳理、甄别和研判案件质量评查中发现的检察办案风险隐患和典型性、倾向性问题，将其纳入类案监督“小专项”问题清单，通过专项监控更加务实的监督、提示和防控，达成“评查一案、监督一类、指导一片”的好效果。二是有效衔接案件流程监控与检察业务数据管理。注重在日常监控中发现案卡信息填录不完整、不准确、数据逻辑矛盾等多发性问题，加大对异常数据的反向核查、修正和补录，促进检察业务数据管理精准化、专业化。有效整合检察业务数据治理功能，通过对异常数据背后蕴含的程序性问题的日常审核、检查督查和专项分析，深挖制约检察办案效能的深层次问题和风险点，促进案件流程监控精细化、实质化。三是有效衔接案件流程监控与办案质效分析研判。定期召开专题分析研判会议，就监控发现的程序性问题和不规范情形进行解释说明、讲评培训，与案件承办检察官面对面交换意见，增强办案部门的认可度与接受度，既为检察长和检察委员会宏观层面的决策指挥提供参考，又为办案部门中观层面的自我管理和对下业务指导提供依据。

4. 推动个案监控向类案治理有效延伸。一是加快推进“智慧案管”建设。围绕“四大检察”案件流程监控要点梳理适宜自动监控的算法规则，持续优化全国检察业务应用系统的流程监控规则库①，逐步提升应用系统对办案期限、文书制作、案卡填录等环节数据监测、逻辑判断、问题识别的能力，推动实现对个案问题的自动发现、评估、提醒和反馈②，简单问题提示案件承办检察官及时补正，重大问题提醒办案部门“介入”核查。二是更加注重数字技术赋能。聚焦案件流程监控实务中的重点领域和薄弱环节，“智慧感知”个案程序性问题背后隐含的实体性问题和管理性问题，持续在检察业务管理中配置“数字”资源要素，促进新时代检察业务管理的系统施治、标本兼治。

① 比如，浙江省“数智案管”系统的流程监控模块，将涉及“四大检察”案件的监控规则嵌入检察业务应用系统（2.0 版），实现流程规范、案卡填录的自动筛查、反馈，大大地提升了流程监控效率；对接浙江检察 App、浙政钉应用系统，向办案检察官、流程监管员推送预警信息，形成了“推送—核查—修正—反馈”管理闭环。参见吴小倩、陈月影：《“智慧案管”建设相关问题研究——以浙江省“数智案管”建设为分析样本》，载《检察业务管理指导与参考》2022 年第 3 辑，中国检察出版社 2022 年版。

② 比如，上海市检察机关上线运行案件全过程在线管理系统，以案件全生命周期无感管理为导向，与案件全流程在线“一网通办”工作流程有序衔接、业务数据双向互通，形成实体、程序、数据的融合监管。参见江苏烨、潘志凡：《每个案件都有一份数字监管档案》，载《检察日报》2024 年 4 月 28 日第 1 版。

案件质量评查结果等次认定之检视与优化探索

李　瑾　张宏麟*

目　次

* 李瑾，福建省人民检察院案件管理部副主任，三级高级检察官；张宏麟，福建省南平市建阳区人民检察院综合业务部副主任，三级检察官。

案件质量评查是检察机关案件管理部门的核心业务，是案件管理部门的立身之本，是评估案件质量最直接的形式，也是促进案件质量提高最有效的手段，对规范司法行为、实现管案与管人的有机结合具有重要的作用。近年来，在司法责任制、捕诉一体、认罪认罚从宽制度等改革的影响下，检察官的独立自主权更加凸显，如何确保案件办理规范，如何进一步将案件质量评查评得准、评得实，评查结论等次如何做到客观、如何让办案人员信服，成为新时代检察工作亟待加强研究和实践的一项重要课题。

一、 案件质量评查结果等次认定的实践概况

近年来，随着司法体制改革的不断深入、司法责任制的持续推进，案件质量评查的结果等次可能影响到检察人员的职业声誉、能力评价、晋级晋升等方面。在《人民检察院案件质量检查与评查工作规定（试行）》（以下简称《检查评查规定》）第5条中明确，各级人民检察院应当将案件质量检查与评查结果作为评价检察官办案业绩和能力、水平的重要依据。根据《人民检察院案件管理与检务督察工作衔接规定》第4条的规定，负责案件管理的部门在履职过程中形成的案件质量评查确定的不合格案件、严重瑕疵案件的个案评查报告，应当抄送本院负责检务督察的部门。同时，多个地区为了加强案件管理，要求将所有的瑕疵案件的个案评查报告均抄送检务督察部门。所以，检务督察部门可以据此启动检务督察程序甚至是司法责任追究程序，通过结果等次判断检察人员是否存在违反检察职责的情况，进而追究责任。因此，检察人员对案件质量评查的结果等次越来越重视，结果等次的重要性愈发凸显。

（一）案件质量评查结果等次的划分

案件质量评查结果等次是指在案件质量评查过程中，按照证据

采信、事实认定、法律适用等九个方面的要求，对被评查案件的办理情况作出的一个评价性结论。根据《检查评查规定》第 23 条的规定，对于重点评查、专项评查和随机评查的案件，应当形成个案评查报告，确定评查结果等次。评查结果等次分为优质案件、合格案件、瑕疵案件和不合格案件。因此，所有被评查的案件在经过评查之后都有一个结果等次，相当于检察办案产品的“合格证”。

在等次认定标准上，《检查评查规定》第 24 条沿用了以往最高检关于案件质量评查的规定，对四个等次案件作了相对原则的规定。为了等次划分更具有操作性，最高检案管办在此前针对评查规定细化出台了《人民检察院案件管理部门案件质量评查要点指引（试行）》（以下简称《评查指引》），并就不同等次、不同类型案件作了共性和个性情形的区分，为评查人员作出等次认定提供了指引。

（二）对案件质量评查结果等次进行认定的理念与原则

结果等次的确定是案件质量评查的重要一环，也是评查过程的最终体现，关系到检察人员的履职情况。将结果等次评定准确，应当把握好两项理念和一个原则。

1. 评定结果的理念。一是职责平等的理念，即对案件办理的职责与质量评查的职责予以平等对待。两项职责虽然不同，但是二者的目标是一致的，都是对案件进行准确的认定。同时，评查的对象是案件，而不是人，所以评查者并不是监督者，不能在主观上有高人一等的优越感，但应当要有技高一筹的高标准。只有把握好以上的内容，得出的结论才是科学客观的，而不是走过场；结果等次的认定才能平衡好案件的各方面因素，既抓住主要矛盾，又不吹毛求疵，更不颐指气使。二是司法责任的理念。要将评查案件等同于办理案件，评查者应当对所评查案件的结果等次承担终身司法责任，才能倒逼评查者在评查过程中不走过场。若对评查行为没有约束，则可能导致评查者滥用评查权，将合格案件评为瑕疵案件甚至不合格案件；亦可能导致评查者当“好人”，将不合格、瑕疵案件评为合格案件，将合格案件评为优质案件。通过明确终身司法责任这个“紧箍咒”，才能较好破解“谁来监督监督者”的问题。

2. 评定结果的原则。结果等次的确定应当参照刑法“罪刑相适应”的原则，坚持“错误与结果相适应”的原则，避免出现“小过重罚”。即在坚持实体评查与程序评查并重的基础上，对于所发现的实体问题和程序问题的评价，要根据问题多少及严重程度的不同，实现与结果等次的相适应。虽然在《评查指引》中规定了瑕疵案件、不合格案件的情形，但只有准确把握错误性质，才能避免产生存在瑕疵要素即为瑕疵案件、存在不合格要素即为不合格案件的不当逻辑。

二、 案件质量评查结果等次认定过程中存在的问题

由于评查案件是案件办结之后的复盘，评查人员所处的视角往往难以同办案人相一致，所看待问题往往会过于理想化，进而忽视了一些例外因素。此外，目前评查依然是以人为主，辅以智能化手段，因此，人的因素往往在很大层面上影响结果。因此，实践中如何准确区分不合格与瑕疵案件、一般瑕疵与重大瑕疵案件、合格案件与瑕疵案件存在较大的争议，总体来看存在以下几个层面的问题。

（一）标准层面

案件质量评查标准的可操作性需要进一步提升。案件质量评查不仅涵盖了检察机关法律监督的各个业务领域，还贯穿于员额检察官办理的每个案件的诉讼全过程。

一方面，在《评查指引》中，虽然明确了认定优质、瑕疵和不

合格等次时应当重点审查的情形，并且针对不同类型的案件作出了更进一步的细化，给予评查人员较强的指引，但实践中依然存在不少需要评查人员进行主观判断的事项。例如，如何把握“办案程序合法规范”“认定事实的证据是否充分”“释法说理是否充分”，这些操作层面上的问题都缺乏更加具体的规定，就容易在评查人员和承办检察官之间产生歧义。同时，在瑕疵案件和不合格案件的区分上，根本在于处理结论是否正确，是否造成严重后果或者严重不良影响，虽然《评查指引》列举了在多个维度下处理结论错误的情形，但严重后果或者严重不良影响应当如何界定，在实践中仍存在争议。

另一方面，《评查指引》对于瑕疵案件和不合格案件的评定，都提出了要结合实体、程序、文书或者办案效果等方面存在的问题数量、严重程度等进行综合评判，但在具体操作层面上，如何进行准确的把握，缺乏具体的规定。例如，瑕疵案件是存在一个瑕疵还是多个瑕疵，是一般的瑕疵还是严重的瑕疵，相同数量的文书瑕疵和实体瑕疵能否等同，优质要素和瑕疵、不合格要素并存要如何评价，这些都需要明确。有观点认为，瑕疵案件是很普通的，只是实践中大家不愿落实，进而评定为合格案件，这个观点将可能造成大量的瑕疵案件，让人觉得评查是件不严肃的工作，以及质疑检察官的办案水平，从而影响评查结果的运用。应当说，绝大多数的案件都存在瑕疵的要素，但如何准确区分合格案件与瑕疵案件、一般瑕疵案件与严重瑕疵案件、严重瑕疵案件与不合格案件，都有待进一步明确。

（二）态度观念层面

由于评查工作是由人工进行，且在评查标准把握不准的情况下，评查人员的主观因素对评查结果等次将产生较大的影响，主要体现在以下两个方面。

一是未将评查工作从“办事模式”向“办案模式”转变。这主要体现在评查的对象上存在的差异。《检查评查规定》第15条规定评查时一般应当阅卷，而部分评查人员就会将“一般”当作“例外”，进而没有做好阅卷工作。同时，有的评查人员会将阅卷理解为阅检察内卷，而非全部卷宗，在阅卷上“打折扣”。此外，案件质量评查作为院领导办案的“负面清单”，同样也给其他检察人员带来消极的影响，会让人认为“负面清单”就是简单、不重要的工作，不需要耗费大量精力开展相关工作，导致对评查工作不够重视。

有的评查人员认为，案件在实体层面上经历了审查起诉和审判环节，可以依据审判结果来评查，即便是不起诉案件，也经过了检察长或者检察委员会的决定，一般不会出现实体问题，加之在客观上不少被评查案件尤其是重点评查案件的案卷材料较多，导致评查人员往往未以全面阅卷为标准的“办案模式”开展评查工作，而更多以查阅审查报告及选择性对程序问题进行阅卷的“办事模式”开展评查工作，甚至有的评查人员仅是评查相关法律文书就算完成了评查工作。但是评查工作不同于办案人员经过长时间的审查逮捕、审查起诉，对实体问题的评查难度要远高于程序问题。对于评价办案程序是否合法规范，已有相关法律的规定，只要对照法律规定评查是否具备相关的法律文书即可。而对于实体问题，往往需要在全面审查案件之后，才能判断原案采信的证据是否正确、认定的事实是否准确、适用的法律是否恰当，仅凭借承办人的审查报告并不能作出准确的判断。因此，评查人员如何从理念上认识评查工作是“办一件事”还是“办一个案”，就决定了评查工作是否深入，进而影响评查结论是否准确。

二是未从历史的角度来评查案件。虽然《评查指引》第20条第 1 项规定，因法律法规、司法解释发生变化或者有关政策调整等原因而改变案件定性或者处理决定的，一般不评定为瑕疵案件或者不合格案件。但在实践中，依然有不少案件会受到办案理念、案件特殊环境的影响，进而作出“另类”的处理决定。比如，此前在办案中所提及的企业保护问题，以及出于维稳等方面的考虑而对一些案件的处理等，对于这种办案时因对社情民意的整体把握而作出的结论，部分评查人员认为不属于政策调整情形，因而不属于除外情形，甚至存在部分评查人员完全未考虑案件存在这方面的情形，进而以当下的标准来进行评查，是显然违背司法规律的。

（三）能力层面

实践中，评查人员的能力短板主要体现在以下两个方面。

一是案管部门的评查人员办案经验不足。虽然按照评查工作的规定，所有的检察官都具备担任评查人员的资格，但由于办案部门案多人少的矛盾突出，实践中评查工作大多还是由案管部门的检察官承担。而在案管部门队伍中，有的检察官虽然有办案经历，但离开办案部门时间太长，知识储备上未能对当前司法办案新的知识理念进行更新，导致评查工作跟不上时代变化；有的检察官虽然刚从办案部门调整到案管部门，但办案年限不足、积累不够，对一些问题因在办案中未曾遇见而缺乏敏锐性。

二是评查人员欠缺评查的技能和资质。评查工作是评定检察办案的工作，因此评查人员被称为“检察官中的检察官”，但不论是案管部门的检察官开展评查工作，还是抽调办案检察官开展评查工作，实践中都没有对评查人员做出技能的培训或资质的要求，这就造成了办案检察官也是评查检察官的情况，并且不能有效运用评查的专业知识来开展评查工作。例如，对于“诉判不一”甚至是法院判决无罪的案件，有的评查人员会“迷信”法院的判决，但实际上，是否确实是起诉错误，是否存在法院判决错误的可能，均有待进一步商榷。这就需要评查人员运用好评查方法和技能才能确保评查客观。同时，评查工作需要有很高的理论水平和实践水平作支撑，要有过硬的政治素质和业务素养，没有培训和资质限制将导致评查工作不能体现技高一筹的水准，进而影响评查结果的准确性。

三、进一步完善案件质量评查结果等次认定方法的建议

（一）提高评查人员的思想认识

一是要持续树立案件质量评查的中立原则。在评查工作开始前，要向评查人员灌输中立评查的理念，尤其是在抽调办案部门检察官开展评查时，更要区分开评查人员和案件承办人这两种身份，不能仅以案件办结这一低标准要求自己，而是要以“高质效评好每一个案件”的价值追求，以问题导向促进规范办案的态度，做到不偏不倚。所以，评查人员对于等次认定过程中发现的问题，不能因为个人的好恶而作出相应的取舍。同时，中立原则还体现在时期中立，即要将自己带入案件办理当时的情景，以当时的视角来审视案件办理，而不能以事后的“上帝视角”来评判案件。

二是要建立健全评查人员的追责机制。要将评查从“办事模式”向“办案模式”转变，就要将评查工作列入司法责任制考察的范畴，改变以往评查工作只针对办案人员的不当理念，针对评查人员建立健全相应的管理办法和责任追究的相关要求，以制度约束促进评查人员规范履行评查职责。对存在评查走过场、评查态度不端正，应当发现问题而没有发现等行为，造成低等次案件被评为高等次案件的，要予以追责问责；对于评查工作不负责任，造成高等次案件被评为低等次案件的，要查明评查人员的主观目的，明确评查过错责任并对评查人员追究相应的评查责任。

（二）统一评查标准的尺度

鉴于不合格案件的特殊性，其带有“一票否决”的性质，因此应当明确严重后果、严重不良影响的内涵与外延，尤其是《评查检查规定》也规定了不合格案件认定时，更要结合相关因素准确评判。何种情况下属于“一票否决”的情况，在什么情况下存在不合格的因素会导致等次评定为不合格，均需要上级院作出规定，实现“罪刑法定”。

目前，《评查指引》已经较为详尽地明确了不同的案件类别以及不同的等次对应的情形，但案件质量评查的结果等次认定就像在考试后为答卷进行打分，不论是优秀案件还是不合格案件，均应有较为平衡的尺度予以区分，这样才能避免出现“同案不同等次”的情况。因此，在结果等次认定中引入得分制，将较好改善等次认定的主观问题，即将优秀、合格、瑕疵、不合格这四个等次在百分制中予以区分，不同的得分段位对应不同的等次。为了确定某一个案件属于哪个得分段位，可以对《评查指引》中的相应情形设置相应的得分点。例如，对于文书错误的问题，设置较小的得分点，而对于事实认定、法律适用的问题，设置较高的得分点，这样能较为直观地体现案件的问题数量、严重程度，认定出的等次也更有说服力。

（三）提高智能化评查的水平

当前，部分省份已经针对部分类型的案件实现了系统智能化评查，但这有赖于大语言模型的运用和资金的投入，在经济欠发达地区难以在短时间内实现普遍适用，且难以对全部类型的案件进行全覆盖适用。在跳出高端智能化评查领域后，对于当前传统意义上的评查工作，智能化运用主要体现在以下两个方面：

一是可以将目前检察业务应用系统中的智能量刑辅助系统的功

能引入评查工作。一方面，在实现评分智能化的基础上，囊括全部的得分要素，避免评查人员在评查过程中遗漏相关的问题类型；另一方面，逐步探索建立评查案例库，在本院相同评查尺度的基础上，融合一个地区乃至一个省的评查尺度，这样评查人员在评查过程中，就可以有效参考已有的评查案件，实现在一定区域范围内的尺度均衡，让评查的等次更加准确。

二是在系统上设置一个案件多人评查的功能。当前的检察业务应用系统只能支持被评查案件由一名评查人员开展评查，若要由不同评查人员进行评查，则需要变更评查人员，并且原评查人员将无法制作相关的评查文书。而在评查人员水平存在差异的情况下，要让评查结果更加准确，就应当探索设置复评功能，并且复评的评查人员不能知晓原评查人员的评查意见。这样一方面可以验证原评查人员认定的评查结果等次是否正确，另一方面也是倒逼各评查人员规范履职。

（四）进一步优化评查的模式

一是应当逐步降低本院评查数量的占比，提高上级院组织评查的数量。目前，案件质量评查的模式基本上是由本院进行常规抽查，重点案件由上级院组织评查，专项评查由本院开展或上级院组织，从总量上看还是本院评查的数量更多。因此，要在保持当前评查模式的基础上，对常规抽查的案件增加上级院抽查。由上级院组织评查，一方面可以让不同检察机关的评查人员相互交流，取长补短；另一方面可以较好地避免本院评查的“好人主义”，减少本院评查带来的人情困扰等各类评查阻力，促进评查工作落实落细，更好促进结果等次的准确。

二是由上级院通报评查结果。目前的评查结果是以评查人员的意见“点对点”通报给案件承办人，以上级院名义通报评查结果，将促使评查人员更加认真地开展评查工作，充分发现问题、评准等次。

（五）加强对评查工作的学习交流

一是加强各部门间的学习交流。法律规定、司法政策都在与时俱进，没有从事相关的工作，很难了解相关条线最新的办案要求。因此，一方面要加强对评查工作本身的学习力度，通过讲解评查的规则，分析评查的实例，向评查人员明确评查的工作理念，进一步消除认识分歧，实现评查人员的思想统一。另一方面要利用日常交流学习和评查前集中学习的机会，组织各个办案条线的检察业务骨干对新的法律法规、司法解释、规范性文件等进行学习，不断更新案管干警以及各办案部门干警的知识储备，进一步夯实评查的基础。

二是探索建立案件质量评查的讲评机制。目前的评查工作基本上还是局限于“一评了之”，评查的相关内容也仅是在评查人员和案件承办人员之间交流，这不利于评查工作的总结反思和评查人员能力的提升。应当探索在每年的评查工作结束之后，由案管部门将评查报告予以整理汇总，组织评查人员进行共同学习。其中，对于优秀的评查报告予以点评，互相交流学习；对于评查中发现的问题尤其是共性问题，交由大家进行学习，促进评查人员在下一次的评查工作中注意类似的问题；对于不同评查人员针对评查出的问题认识不一致的，尤其是案件存在的问题类似但评查结果等次不一致的，应当进行充分的交流研讨，进一步纠正评查工作中存在的认识误区，对不当的结果等次予以纠正，并进一步提升评查工作能力。

检察业务数据质量监管提升路径研究

郑雁冰　赵露露　邱玉强*

目　次

最高检提出一体抓实检察业务管理、案件管理、质量管理，推动构建检察“大管理”格局。“大管理”格局是涵盖检察工作方方

* 郑雁冰，河北省邯郸市人民检察院检察委员会专职委员；赵露露，河北省邯郸市人民检察院案件管理与检察技术部检察官助理；邱玉强，天津大学法学院讲师。

面面的全方位管理。检察业务数据质量监管是“三个管理”的重要组成部分，抓好业务数据质量监管工作，有助于推动构建检察“大管理”格局。

一、检察业务数据质量监管的必要性

（一）抓实“三个管理”的重要基础

推动构建检察“大管理”格局，要紧扣“高质效办好每一个案件”这个核心。宏观层面上，要进一步加强办案质效分析研判；中观层面上，要强化案件管理，实现对案件全流程各环节的“闭环管理”，促进各类办案主体履责到位；微观层面上，要注重质量管理。通过检察业务数据质量监管，能够实现检察“大管理”格局宏观、中观、微观三个层面的贯通。从宏观层面看，业务管理的重点“重点案件类型、重点办案领域、重要业务态势”都不离开业务数据。开展业务管理，必须确保业务数据真实、客观、准确。从中观层面看，案件管理的重点之一是“深化案件流程管理，实现案件节点监控”，案件办理各环节都产生检察业务数据，在业务数据质量监管过程中，对办案期限进行预警，能有效防止超期办案等。从微观层面看，质量管理是围绕案件质量进行的管理，数据质量也是案件质量的一部分，检察业务数据质量监管是质量管理的应有之义。以案件质量评查为例，开展六项重点案件评查前需要从业务数据中筛选案件，六项重点案件数据真实是开展评查的基础。因此，做好检察业务数据质量监管工作，确保业务数据真实、客观、准确，是抓实检察业务管理、案件管理、质量管理的重要基础。

（二）深化实施数字战略的重要基础

《中共中央关于加强新时代检察机关法律监督工作的意见》指

出，加强检察机关信息化、智能化建设，运用大数据、区块链等技术推进公安机关、检察机关、审判机关、司法行政机关等跨部门大数据协同办案。最高检强调，深入实施数字检察战略，赋能新时代法律监督。数字检察战略必然离不开检察业务数据。当前，检察业务应用系统 2.0 中报表共计 200 余张，这些报表中的业务数据是检察办案活动的直接反映。只有数据客观、真实，才能准确反映检察业务运行情况，为宏观决策提供参考。无论是各级检察机关开发应用的大数据法律监督模型，还是智能化案件管理系统，都离不开检察业务数据。以河北省检察机关大数据平台为例，激活利用办案“沉淀”数据，先后搭建 315 个汇聚库、315 个标准库、310 个主题库以及 8 个法院裁判文书专题库，汇聚、融合、治理、共享“四大检察”所有案件的案卡数据、文书卷宗和电子卷宗、裁判文书。①

（三）提升数据质量的现实需求

从日常业务数据核查中发现，因错填、漏填、不规范填录案卡导致了一些数据质量问题。当前，基层院的案卡填录以人工填录为主，填录人很容易错填案卡信息，如职务犯罪中犯罪嫌疑人的身份填录为“农民”或“无业”，盗窃罪、抢劫罪等案件中错填金额。漏填案卡信息会导致统计系统无法抓取相关数据。不规范填录通常表现为跨月补填、字段不规范。跨月补填表现为承办人当月填录或修改上个月的业务数据。跨月补填的数据不能及时上到统计表中，会造成“表卡不一致”，即统计表中数据与案卡中数据不一致。错填、漏填、不规范填录案卡信息，会导致业务数据失真，影响办案质效分析研判。业务数据的准确性有待进一步加强，而业务数据质

① 柳红领：《“数字检察”激活新功能》，载微信公众号“河北检察”，https：//mp. weixin. qq. com/s/Cell6fJdQJqVXDKHY - SFFw。

量监管的直接目的是保证检察业务数据真实、准确、安全，有效提升业务数据准确性。

二、检察业务数据质量监管工作面临的现实问题

（一）办案人思想认识不到位

检察业务数据在一定时间内是动态变化的，因此数据难免存在瑕疵，但业务数据绝不是任意变化的，周期结束后数据即进入相对静止状态。但实践中，数据延迟、数据“注水”等现象时有发生。根本原因在于办案人思想认识不到位，缺乏责任心。有些办案人员认为，数据质量监管仅仅是案件管理部门的责任，自己只要办好案件就行，因此疏于案卡填录，并且对检察官助理、书记员填录的案卡不进行审核、把关，导致业务数据不准确；甚至在案件管理部门的数据监管员发出案卡填录问题要求核实反馈时，存在抵触心理，不愿意配合。办案人员对数据监管责任存在认识误区，一定程度上阻碍业务数据质量监管工作的开展。

（二）业务数据质量监管力度不足

案件管理部门是检察业务数据质量的专门监管部门，但基层检察机关中案件管理部门从事数据质量监管工作的人员缺乏相关工作能力。业务数据背后是检察办案，这就要求从事数据质量监管的人员既要懂办案，又要具备大数据分析能力，能够从海量数据中发现问题。实践中，数据质量监管岗位上的工作人员恰恰缺乏这些能力。以 H 市基层检察机关为例，19 个基层检察院均没有独立的案件管理部门，都是案件管理、法律政策研究、控申、刑事执行等多部门合为一个部门，往往是一人身兼数职，很少有人专职从事案件管理工作，更不用说专门从事业务数据质量监管。即便有的基层院安

排了专人负责数据质量监管，但该人员身份多为书记员，缺乏办案经历，数据分析、沟通协调等相关工作能力也存在不足，且人员流动性大，难以系统培养，检察业务数据质量监管的专业化水平不高。

（三）业务数据质量监管手段有限

全国检察业务应用系统2.0在自动回填和核查纠错功能上仍存在不足。[①] 系统中的案卡虽然有回填功能，但数据填录审核尚不能完全实现信息化、智能化，仍需人工填录、审核。数检通（检察业务数据质量监管平台）在实际使用中，出现案卡修改后无法自动审核通过、无问题而报错等情况，仍然需要人工审核确认。人工审核以办案人填录的信息为准，由于数据监管员的配置与海量数据核查要求不相匹配[②]，对海量数据逐一审核难度较大，因此数据审核多数为形式审核，仅对一些重要信息进行实质审核。虽然各地都在研发、应用数据审核软件，但仅能解决部分数据核查问题。数据核查软件以录入规则为依据开展核查，而检察业务应用系统中涉及14000余个案卡项目[③]，核查软件的智能抓取功能未能实现全覆盖，且抓取的数据并非完全准确，依然需要人工核对。实践中，基层检察机关的检察业务数据质量监管手段有限，仍以人工审核为主，缺乏高效的智能化辅助工具，数据质量监管流于形式，深层次监管不足。

---

① 杨樱、孙代军：《强化数据管理提高案管质效》，载《人民检察》2024年第S2期。

② 赵梦芝：《找准提升检察业务数据管理质效的逻辑主线》，载微信公众号“数字检察”，https：//mp. weixin. qq. com/s/GVg－vR_ FgBxaBgVq7wSIhA。

③ 最高人民检察院案件管理办公室组织编制：《全国检察业务应用系统2.0填录标准和说明》，中国检察出版社2023年版，第1页。

三、 提升基层检察机关业务数据质量监管的对策

在构建检察“大管理”格局视角下，提升基层检察机关业务数据质量监管的关键在于解决好三个问题，即谁来监管、如何监管、监管后怎么办。

（一）转变思想，树立全员管理、智能化监管理念

要解决谁来监管业务数据质量的问题，首先需要转变监管理念，树立全员监管的“大监管”理念，变“谁来管”为“我来管”。一是树立全员管理理念。数据来源于案卡填录，办案人是案卡填录的直接责任人。数据质量监管不是案件管理部门一家的事，业务部门同样是数据质量监管的一员。《检察业务数据管理办法》指出“各级人民检察院业务部门负责人和检察官应当加强检察业务数据质量监管”，最高人民检察院《关于加快推进新时代检察业务管理现代化的意见》进一步明确“办案部门负责人要加强检察业务数据质量管理，检察官承担指导、审核责任和最终责任，检察官助理、书记员对录入的信息依据本人职责承担相应责任”。办案人要不断更新理念，认识到数据质量也是案件质量，自己是数据质量监管的直接责任人，从准确填写每一个案卡开始，让自己也成为管理者。业务部门负责人更要担负起监管本部门，甚至是本条线业务数据质量的职责。二是树立智能化监管理念。检察业务数据质量监管必须充分运用大数据思维，发挥大数据在质量监管上的作用。数据监管人员针对数据监管过程中发现的多错、易错点，要及时总结，整理成核查规则，向软件开发者反馈，将规则及时置入监管软件，甚至可以联合业务部门研究开发大数据法律监督模型，借助智能化手段提高监管效率。

（二）加强三个融合，构建“大监管”格局

解决如何监管、监管后怎么办的问题，需要以完善的制度建设推动业务数据质量监管常态化。

一是加强专门监管和自我监管融合，压实数据主体责任。案件管理部门是检察业务数据质量的专门监管部门，负责监管全院各业务条线的数据质量，属于一种事后监管，从事后检查环节及时发现和纠正业务信息填录问题。除每日案件信息传递审核外，案件管理部门可根据工作实际情况，每周或每半个月开展一次核查，发现案卡填录问题。各办案部门是各自部门业务数据质量的自我监管部门，均要设置专门的数据监管员每日核查本部门的案卡填录信息。办案人是数据质量的直接责任人，属于源头监管，检察官对所办案件产生的业务数据直接承担审核、把关责任。办案人要增强数据质量责任意识，加强自我管理，从源头上准确、规范、同步、完整填写每一张案卡，最大程度确保数据真实准确，提升数据质量。

二是加强人工监管和信息化监管融合，建立通报督促机制。基于基层检察机关工作实际，各业务部门数据监管员每日利用数检通等核查软件开展监管，在监管中发现案卡填错、漏填、不规范填录的，要及时口头提醒承办人修正案卡填录信息。案件管理部门的数据监管员既要通过软件核查，利用系统已有规则自动识别案卡问题；又要开展人工核查，重点关注核查软件未关注的数据质量问题，保障更多的数字化应用。在监管中发现数据问题，要及时通知各业务部门数据监管员，由他们负责本部门的数据核实反馈。案件管理部门进行数据监管需把握月末和月初两个时间节点。数据核查的反馈节点设置为每月最后一天，到这天需完成数据修正。如果未修正，次月月初数据统计表锁定后，就会造成

检察业务数据失真，影响分析决策。案件管理部门建立健全常态化业务数据质量检查通报机制，可以选择月度通报，每月通报数据监管中发现的问题，通报内容要具体到案件和承办人。对每名承办人的案卡填录错误项数和错误率进行通报，以此倒逼承办人强化责任心。有条件的检察院可以进行周通报，每周针对某一类问题进行专项核查通报。

三是加强数据监管和流程监控等职能融合，明确数据规范标准。狭义的数据监管指数据核查，利用核查软件和人工核查相结合，核查案卡填录数据是否规范、准确。但单纯的数据核查已不满足检察工作的发展，需要案件管理各项职能融合，进行广义的数据监管。广义上，流程监控、办案质效分析研判、案件质量检查评查也能实现对数据质量的监管。将业务数据纳入流程监控，可以在监控文书时，同步监控“书卡”是否一致；案件管理部门数据质量监管员针对核查问题要求业务部门核实反馈，相关部门或者人员拒绝修正的，可以与流程监控结合，制发书面《流程监控通知书》。在案件质量检查评查中发现的数据质量问题，要及时分类汇总，将常见、频发问题提供给数据质量监管员加强日常监管，案件管理各项职能融合有助于提升业务数据质量监管的效果。目前，案卡填录主要依据《全国检察业务应用系统2.0填录标准和说明》，但由于系统不断升级导致案卡新增、变动，而填录标准更新不及时、培训跟不上，就会造成填录困难、监管更困难。明确各类数据的填录标准，才能确保数据质量监管有据可依。当新增、变化案卡填录标准不明确时，业务部门要及时和案件管理部门沟通，共同研究，必要时请示上级院。

（三）提升三种能力，加强数据监管人员能力建设

新时代，数据监管人员要与岗位匹配需不断提高法律综合适用

能力[①]、业务数据管理能力、智能化手段应用能力。

一是法律综合适用能力。检察业务数据是办案活动的反映，数据监管员要从数据中发现问题，了解数据背后的原因，就需要有较高的法律素养，了解现行法律、司法解释、诉讼规律，熟悉办案流程。2024 年 1 月至 11 月，检察机关受理公安机关移送危险驾驶案件同比下降 42.3%，不起诉 3 万余人，不起诉率同比下降 28 个百分点。[②] 在办案质效分析中，要分析 2024 年 1 月至 11 月危险驾驶案件下降原因，就需要掌握 2023 年 12 月“两高两部”发布的《关于办理醉酒危险驾驶刑事案件的意见》。醉驾执法司法标准的调整优化是危险驾驶案件明显下降、不起诉人数增多的重要原因。

二是业务数据管理能力。数据监管员要懂得数据如何生成与存储，如何查询需要的数据并进行分析、应用。业务数据管理能力，主要包括数据认知能力、数据整合能力、数据统筹能力和数据加工能力。面对统计报表，如果不了解各项含义是什么，就无法对数据进行准确监管，需要通过学习案卡填录标准、掌握数据定义来提升数据认知能力。数据整合能力主要指对各条线的报表进行整合，报表之间存在一定的逻辑关系，因此有些数据不能从单一报表中分析，需要整合不同报表中的数据，如公益诉讼和未检条线的行政公益诉讼数据表，两张报表中的数据有一定的关联。案卡与案卡之间具有逻辑关系、案卡与流程之间具有连带关系，有些案卡和报表项目表述不一致，这些都需要数据监管员具备统筹能力，否则不足以发现问题，如审查起诉案件全案的案卡填为“不起诉”时，犯罪嫌疑人案卡却填为“起诉”，这种情况就需要向承办人核实案卡是否

① 中国军：《检察业务数据管理的理论与实践探析》，载《中国检察官》2021 年第 17 期。

② 参见《最高检副检察长：危险驾驶案件大幅下降，醉驾治理成效明显》，载南方都市报 App，https：//m. mp. oeeee. com/a/BAAFRD0000202503071057490. html。

错填。数据加工能力则要求统计员熟练应用 Excel 等工具，仅依靠人工对数据加工不仅效率低，而且容易出错，需要掌握 Excel 中的函数等功能，快速实现对数据的加工。

三是智能化手段应用能力。数据监管员必须练好大数据运用基本功，增强数字敏感性，不断提升运用、驾驭大数据的能力。仅依靠人工核查已不满足实践需要，业务数据质量监管必须借助智能软件的自动监管对常规监督点进行自动预警，同时在日常人工核查中，要注重总结人工核查要点，如案卡与案卡之间的逻辑关系、案卡与文书之间的逻辑关系，及时提炼成规则，转化为软件核查的内容。

检察机关案件分配机制优化路径初探

江苏省南京市人民检察院课题组*

目 次

---

* 课题组负责人：颜伶俐，江苏省南京市人民检察院案件管理部主任，三级高级检察官。课题组成员：秦必信，江苏省南京市秦淮区人民检察院党组成员、副检察长，三级高级检察官；罗彦玲，江苏省南京市秦淮区人民检察院第八检察部主任，四级高级检察官；刘咏德，江苏省南京市秦淮区人民检察院第八检察部五级检察官助理。

（一）综合考量案件办理的难易程度优化案件分配
（二）结合检察人员的综合素质配置轮案规则
（三）分案机制运行中案件类别与检察人员的变更
（四）通过强化技术保障和培养复合型人才服务案件分配工作
（五）加强现行案件分配机制的内外监督

检察机关的案件分配，是指对进入检察办案阶段的案件，根据提前设定的规则把案件分配到系统内的办案单元。案件分配是办案的必然环节，也属于案件管理部门的重要工作范畴。最高人民检察院2015年9月28日公布的《关于完善人民检察院司法责任制的若干意见》第26条规定："建立随机分案为主、指定分案为辅的案件承办确定机制。重大、疑难、复杂案件可以由检察长指定检察官办案组或独任检察官承办。"全国检察机关由此开始确立了随机分案为主、指定分案为辅的案件分配机制。2019年3月15日，中共中央政法委员会、最高人民法院、最高人民检察院联合印发了《关于加强司法权力运行监督管理的意见》《关于进一步优化司法资源配置全面提升司法效能的意见》两个规范性文件，其中《关于加强司法权力运行监督管理的意见》第5条指出："健全案件承办确定机制。完善随机分案为主、指定分案为辅的案件分配机制。根据案件类型和繁简分流安排，随机确定案件承办人，非因法定回避情形或者工作调动、身体健康、廉政风险等事由，不得变更。如需对随机分案结果进行调整，应当由院长、庭长和检察长、业务部门负责人按权限审批决定，调整理由及结果应当及时通知当事人并在统一办案平台公示。重大疑难复杂案件可以指定分案。明确指定分案的范围和条件，指定分案的情况应当在统一办案平台中留痕"；《关于进一步优化司法资源配置全面提升司法效能的意见》第5条指出：

“完善分案机制。完善随机分案为主、指定分案为辅的案件分案机制，确保简单案件由速裁团队及时办理，系列性、群体性或关联性案件原则上由同一办案组织办理，同类案件由专业化办案组织集中办理。探索运用大数据和人工智能技术，自动识别案件繁简，自动分案。”上述文件从顶层设计的高度，确立了随机分案为主、指定分案为辅的案件分配规则，能够最大程度地减少人为干预，避免“关系案”“人情案”的发生，分案过程在系统中可记录、可追溯，提高了案件分配的透明度，便于进行监督和防止腐败。该原则的确立体现了司法工作公正优先、兼顾效率的理念。

一、 现行案件分配机制存在的问题

随着司法责任制改革工作的不断深化和检察业务信息化的发展，当前检察机关办案存在简易案件数量大而办案速度快、复杂案件数量不多而办案速度慢等特点，但当前的分案机制无法较好适应这一特点，案件分配的平衡被制约，如不同办案组间协调案件分配、同一办案组内难易程度的案件分配等，产生了轮案情况不能满足办案现实需求的问题。

（一）分案规则不能平衡多个轮案组统筹分配案件

检察业务应用系统分案模型均采用“二叉树”形式，其优势是简单明了、逻辑清晰、操作简洁。但随着检察机关内设机构的改革，全国各地检察院内设部门设置并非一致，很多地方检察院还有自己的专属要求。目前，检察系统普遍采用的分案规则是平均分配法，即系统根据预先设置好的规则，以部门内承办检察官受理案件数为分案指标，实现受理案件数上的公平。实践中，部分检察机关对本院受理的案件进行难易案件区分办理，设置普通轮案组、简易轮案组等，检察官因同时处在不同的办案组，会同一时间在不同组同时被分配案件，导致个别检察官在短期内在不同组均接收分配案件，牵扯办案精力，目前的分案规则无法平衡检察官处在不同的办案组且在同时间段接收分配案件的情况。

（二）分案存在难易案件不易区分的问题

目前，全国大部分检察机关的分案制度主要有三种：第一种是以部门为单位，如职务犯罪检察部门，将员额检察官编入设置的轮案组，直接按照受理案件的顺序录入检察业务应用系统随机轮案；第二种是将部门的案件进行难易程度区分，如普通犯罪检察部门将危险驾驶、交通肇事设置为简易轮案组，将其他的普通犯罪案件设置为普通轮案组录入检察业务应用系统随机轮案；第三种是对特殊时期出现的疑难复杂专案，如经济犯罪检察部门办理的新型奶茶加盟合同诈骗案等，该类案件涉案人数多、犯罪金额大，取证难度高，在办案系统内成立由多名检察官组成的专业化办案团队进行办理。综上可知，现有检察业务应用系统无法区分不同案件的难易程度，需要加入人为调整的因素，随机分案无法有效解决此类案件的效率与产出矛盾。

（三）“指定为辅”的适用程序不规范

目前，中央政法委员会、最高人民法院、最高人民检察院《关于加强司法权力运行监督管理的意见》《关于进一步优化司法资源配置全面提升司法效能的意见》均提出要完善随机分案为主、指定分案为辅的案件分配机制，同时要求系列案件或关联性案件等原则上由同一办案组办理，重大疑难复杂案件可以指定分案，但上述规定缺乏配套的规范操作细则。一是司法实践中对重大疑难复杂案件没有具体的认定标准，在之前的统一业务应用系统中，设置了“审结重特大”案卡项，也只是由承办检察官在审结案由为渎职侵权类时，审结阶段才应当填录，在分案阶段案管部门无法判断是否属于重大疑难复杂案件。二是系列案件或关联性案件原则上由同一办案组办理，意味着要指定分案，但是系列案件、关联案件实践中会出现多个罪名，且不属于同一个部门办理罪名的情况，按照现有的司法改革要求，专业部门办理专门案件，对于这种多罪名跨部门的情况，有时办案部门互相推诿，需要案件管理部门与相关部门进行多方协调和沟通，这必然会降低分案效率。

（四）存在不规范变更案件承办人的情况

对于已受理案件承办人的变更，中央政法委员会、最高人民法院、最高人民检察院《关于加强司法权力运行监督管理的意见》指出，非因法定回避情形或者工作调动、身体健康、廉政风险等事由，不得变更。如需对随机分案结果进行调整，应当由检察长、业务部门负责人按权限审批决定。虽然中央政法委员会、最高人民法院、最高人民检察院《关于加强司法权力运行监督管理的意见》明确非法定原因不得变更，不经检察长审批不得变更，确需变更的，调整理由及结果应当及时通知当事人并在检察业务应用系统办理。然而，在检察工作实践中，随意变更承办人的问题却时有出现。一是共同犯罪涉及多个罪名的，公安机关按照罪名分案移送审查起诉，案管部门按照罪名分案到相应部门办理，在案件向法院提起公诉前，因系共同犯罪，承办检察官会将案件变更为同一承办人，然后由同一承办人将共同案件并案办理。二是一人犯数罪的案件，涉及多个业务部门罪名的，案件承办部门会因涉及罪名不全属于本部门办理，且主罪名不明确而相互推脱，从而要求变更办案单元。三是在部门内部有时会出现不符合中央政法委员会、最高人民法院、最高人民检察院《关于加强司法权力运行监督管理的意见》规定的法定事由而提出变更的情况，如个别承办检察官认为自己无法办理疑难复杂案件而要求变更。

（五）系统难以根据检察官属性分案

系统随机分案的分案方式，解决了人工分案时期加入人员主观判断因素的影响，在待分配案件与检察官之间是由客观的系统自动轮案，相当程度上避免了人情案、关系案等不利于案件办理的情况，在分案阶段原则上实现案件分配的公平公正。但是，现有检察业务应用系统设定的分案制度，不能很好地与案件办理的实际情况相匹配。如不同检察人员的能力专长、办案经验、所任职务等有所不同，而检察业务应用系统却无法进行针对性分案，不能根据检察官属性进行画像，这可能会使个别检察人员无法胜任其被分配的复杂案件或不擅长的专业类案件，进而影响办案质量与效率。

二、 健全案件分配机制的方向

（一）强化技术支持和相关技术人才支持

现行案件分配机制的顺利运行依赖于全国检察业务应用系统，检察办案系统的健康运行是案件分配的基础。目前，检察机关内同时懂得案件办理和信息技术的人才十分紧缺。上述两个方面均需要加强，在有充分的信息技术保障和相关复合型人才的配置下，现行分配机制才能不断健全和优化。

（二）统筹合理性和随机性

合理性是指案件的分配过程和结果要契合司法体制改革的目标和检察权运行的客观规律，尽可能地将难易相当的案件分配给与之能力相匹配的检察官。随机性是指通过提前设置的分案规则，由检察业务应用系统直接在系统中实现随机分案，不论是案件的当事人还是检察机关的内部工作人员都无法准确预测案件的分配结果，从而避免人为因素对案件分配的影响，提升检察机关的公信力。

（三）充分考虑案件分配机制的弹性

虽然案件分配的对象是办案检察官，但目前全国检察机关普遍存在普通检察院与专门检察院并存、独任检察官和办案组并存等不同的办案单元模式。因此，案件分配机制的设计应当具有一定的弹性，如充分考虑案件的难易程度、检察官职业素能等情形，并作为参考标准融入案件分配机制中，尽可能压缩指定分案的范围，最大程度地发挥随机分案的作用。

（四）在内部、外部的共同监督下运行

虽然随机分案是在办案系统内自动完成的，但系统的维护和案件分配比例的设计等也是由具体人员操作的，实践中有时会出现出于某些原因的考虑而由管理员在后台对案件分配进行修改的情况。从职能上看，由案件管理部门负责案件分配管理符合检察权的内部分工，但无法对自身的行为进行监督，因此分案制度的执行还是需要一定的外部监督，从而形成内部管理与外部监督的良性互动。

三、现行“随机分案为主、指定分案为辅”案件分配机制的优化路径

为进一步规范案件受理审查、分案流转工作，促进高质效办案，南京市人民检察院根据《人民检察院刑事诉讼规则》《最高人民检察院案件管理办公室案件统一受理流转工作规定》等规定，于2024年11月制定出台了《南京市人民检察院刑事案件受理流转工作规则（试行）》。通过前述分析，并结合《南京市人民检察院刑事案件受理流转工作规则（试行）》，建议应当综合案件承办难度将案

件分为不同类别，同时结合检察人员的综合素质将人员分入不同办案组。在此基础上，通过检察业务应用系统将相应案件类别与办案组一一对应，对同一办案组内的检察人员原则上实行随机分案，在受理重大疑难复杂案件时则进行指定分案。在此过程中加强技术保障和复合型人才培养，加强案件分配工作的监督。有效确保分案机制高质效运行，既让检察人员承办适合其综合素质的案件，保持良性办案状态，实现案件分配与办案人员相适应，又能够优化司法资源配置。

（一）综合考量案件办理的难易程度优化案件分配

1. 从罪名入手对案件进行分类轮案。罪名是判断案件承办难度最直接的标准之一，如盗窃、危险驾驶罪等案件的办理难度大多情况下显然小于洗钱罪、故意杀人罪等案件；非法集资类犯罪、渎职侵权类犯罪等案件的办理难度一般比普通伤害类犯罪案件大。因此，检察机关结合办案经验一般可通过罪名判断多数案件的承办难度，从而将案件初步由简到繁依次分为简单、普通和疑难复杂案件等类别。

2. 从不同罪名案件受理数量调整案件分类轮案。某一罪名涉及的案件数量越多，往往意味着检察人员承办此类案件的经验越丰富。例如，检察人员对于危险驾驶罪、盗窃罪等常见罪名的文书起草、办案程序、讯问策略更为熟悉，办案质效也就越高。反之，检察人员对于走私类犯罪、邪教类犯罪等非常见罪名的办案质效则相对较低。因此，检察机关可以通过分析某一罪名涉及的案件数量占本院案件总数的比例，调整该罪名所在的案件类别。

3. 从犯罪人数与涉案数额对案件类型分类轮案。在某一罪名涉及的案件中，涉案数额越大或犯罪嫌疑人越多，办案难度相对越大，反之则相对越小。因此，检察机关可以基于一个确定的数额或人数调整案件类别。例如，对于侵犯财产类犯罪，检察机关可以结合本地经济发展水平与办案数据设定一个犯罪数额，将涉案数额高于该设定数额的案件归于普通案件类别，反之则归于简单案件类别。

4. 从重大疑难复杂案件入手明确指定分案类型。为避免指定分案范围的任意扩张或限缩，不能单纯依靠罪名或办案难度确定指定分案的范围，而是应当结合工作实际，从严把握、综合考虑以下要素：一是危害国家安全类型犯罪、涉众型犯罪、有严重影响的涉外犯罪案件；二是金融类犯罪、侵犯知识产权犯罪等对承办人办理案件专业性能力要求较强的案件；三是犯罪嫌疑人系处级以上领导干部的职务犯罪案件；四是人民群众关注度及舆论度高，在社会上有重大影响的案件；五是上级院交办、督办的案件；六是在法律适用上存在分歧，有较大争议的案件；七是其他重大、疑难、复杂、敏感的案件。对于涉及上述一个或多个要素的案件，部门负责人或案件管理部门的人员将案件相关情况在业务系统中记录留痕，并交由员额检察官联席会议综合讨论后，经领导审批是否同意指定分案。此外，还可依托于检察一体化，由最高人民检察院制定全国统一的指定分案标准和程序，明确哪些类型的案件需要指定分案，以及指定分案的具体流程；或者由上级院组织成立由资深检察官组成、并邀请法学专家参与的指定分案评审委员会，负责重大、敏感案件的指定分案决策。同时，建立健全指定分案的监督和复议机制，确保指定分案的公正性和合理性。

（二）结合检察人员的综合素质配置轮案规则

1. 检察人员的年龄或工作年限。随着年龄或工龄的增长，检察人员的办案经验、社会履历通常也会增加，但是随着年龄的增长，由于身体综合素质的下降，其业务能力可能会受到影响。因此，检察机关可以先将新任检察官和经验不足的检察官助理分配至承办简单案件的办案组，并且随着检察人员的年龄或工作年限的增长，可以考虑将其提升至承办普通案件或复杂案件的办案组。对于年龄较大的检察人员，检察机关可以结合其实际办案能力下降的情况适当将其下调至办案难度较低的办案组。

2. 检察人员的办案专长与经验。对于破坏金融管理秩序类案件、未成年人犯罪案件、电信诈骗类案件等涉及某一专业领域或法律规定适用特别程序的案件，更需要具有相关办案专长与经验的人承办。对此，有必要设立若干专业办案组并将具有相关领域专长的检察人员分配至该组工作。例如，检察机关可以设置金融诈骗类案件办案组，将熟练掌握信贷、金融等专业知识的检察人员分配至该组工作。当遇有相关案件时，可以在该办案组内随机分案，或专门指定某一检察人员办理重大疑难复杂的案件。

3. 检察人员的学历、奖惩情况与案件办理质量情况。这些要素能够较为直观地反映检察人员的业务能力与办案质效。对此，对于案件质量评查情况较好或获得过相关荣誉的检察人员，可考虑将其提升至办案难度较高的办案组，反之则考虑将其下调至办案难度较低的办案组。

4. 检察人员的办案能动性。对于办案积极性较高、自愿承办疑难复杂案件的检察人员，可以结合其综合素质将其提升至办案难度较高的办案组，并考虑将其作为后备提拔干部的重点考虑因素。对于不愿接触复杂案件的检察人员，可以考虑将其分配至承办简单或普通案件的办案组，承担与其意愿相符的工作。对于对共同犯罪、一人或者多人犯多罪的案件，罪名分属不同办案部门管辖的，分案时检察人员出现推诿分歧意见的，可以按照主罪（主罪是指法定刑或最新判决刑期较重的罪名）确定办案部门。主罪不明确的，按照随案移送的相关法律文书载明的第一个罪名确定办案部门。

（三）分案机制运行中案件类别与检察人员的变更

1. 个案承办过程中的承办人变更。第一，检察人员认为其承办的案件因难度较高而难以胜任或因疾病、岗位调离等自身原因无法继续承办时，可以在检察官联席会议上提出更换承办人员的请求，由检察官联席会议充分讨论并由部门负责人决定是否更换。第二，随机分案后，检察人员发现其承办的某一案件可能属于“重大疑难复杂”的，可以根据工作实际，经员额检察官联席会议研究讨论并经领导审批后确定是否指定分案。第三，变更理由及结果应当及时通知相关检察人员并在业务系统中留痕，由案件管理部门定期对变更案件进行分析，供领导、业务部门参谋决策。

2. 轮案过程中的分案规则变更。结合工作实际，检察机关可以考虑以一定时间内的案件办理数量为基础，统计分析一定时间内本院所承办案件中各类罪名的数量、适用程序、事实与证据等，并对办案检察官的意见进行收集，对不同案件类别中的罪名进行优化，同时结合检察人员的综合素质与意愿适当变更其所在办案组。这既可以使案件分配机制能更好适应高质效办案的需要，又能够确保办案检察官在承办不同难度案件过程中得到锻炼，有效避免检察人员无法胜任案件导致出现错案，或消极办案导致办案质量下滑。

（四）通过强化技术保障和培养复合型人才服务案件分配工作

随机分案为主、指定分案为辅的分案机制依赖于全国检察业务应用系统，应当加大对办案系统的技术研发和升级投入，确保系统稳定运行，数据安全可靠，从基础上保障案件分配的顺利进行。同时，加强人才培养和人才梯度建设，选择优秀检察干警进行培训，培养一批既懂法律又懂技术的复合型人才，在能够充分服务案件分配和案件办理的基础上，负责系统的运维和技术支持，保障机制的有效实施。

（五）加强现行案件分配机制的内外监督

案件分配虽然在检察业务应用系统内进行，但离不开具体人员的操作，因此有必要强化内外的监督。内部监督包括建立健全内部监督机制，定期对案件分配情况进行自查自纠，确保机制的公正性和有效性。在案管流程监控工作中，应当重点监督、审查案件承办确定是否符合以下要求：采取随机分案为主、指定分案为辅的方式进行；对于本院管辖的同一刑事案件的提前介入案件、批准审查逮捕案件、一审公诉案件、批准延长侦查羁押期限案件、强制医疗案件等办案工作，原则上由同一部门内同一办案组办理，另有规定的除外；对于同一人犯罪行为涉及数个罪名、二人以上的共同犯罪、上下游相互关联的案件等，其中一人或者一罪由某一部门办案组办理的，应当重点监督、审查是否全案由该部门办案组办理；对于同一人犯罪行为涉及数个罪名、二人以上的共同犯罪，分别属于不同办案部门或者同一办案部门不同办案组办理的案件，应当重点监督、审查是否根据办案工作实际情况，按照主罪或者移送机关等标准确定办案部门或者办案组。外部监督包括接受纪检监察机关、社会媒体和公众的监督，公开案件分配结果，增强机制的透明度和公信力。

专题研讨

ZHUANTI YANTAO

检察听证形式化问题的省思与完善*

许建敏　徐　萍　刘晨雨**

目　次

一、问题的提出

我国的检察听证发轫于案件公开审查制度。1999 年 5 月，最高

* 本文系“正当程序视角下不起诉听证的问题检视与程序完善”课题的阶段性成果。

** 许建敏，浙江省人民检察院案件管理办公室四级高级检察官；徐萍，浙江省宁波市人民检察院第七检察部主任；刘晨雨，浙江省宁波市海曙区人民检察院第七检察部副主任。

人民检察院印发《人民检察院办理民事行政抗诉案件公开审查程序试行规则》，确立了以“三个公开，两种方式，一个目的”① 为标准的公开审查程序。2000 年 5 月，最高检印发《人民检察院刑事申诉案件公开审查程序规定（试行)》，点明“听证”是案件公开审查的主要形式。2020 年 1 月，全国检察长会议上提出“应听证尽听证”的要求。同年 9 月《人民检察院审查案件听证工作规定》（以下简称《听证工作规定》）印发，检察听证的“四梁八柱”基本建立。2021 年 6 月，中共中央印发《关于加强新时代检察机关法律监督工作的意见》，明确提出“引入听证等方式审查办理疑难案件”。数据显示，2023 年全国检察机关共开展检察听证 22.78 万件，已实现“四大检察”全覆盖。拟因无逮捕必要性作出不逮捕决定案件的听证率超过 40%，拟作相对不起诉案件的听证率超过 30%。可以说，检察听证在检察办案中的影响已不容忽视。

检察听证作为一项创新工作，探索实施时间不长，相关法律规定和工作机制尚不完善，特别是在案件数量激增背景下，听证形式化问题也于实务中逐渐暴露出来。依照笔者实地调研办案一线的情况来看，听证员、当事人和承办检察官均对检察听证形式化问题有感，“为听证而听证”的案件不在少数。学界对此也有所关注，如有学者提出听证程序会加重检察官办案压力，因迁就办案效率而影响听证质量②；听证程序适用范围过于宽泛、听证意见缺乏刚性，从而流于形式③。有学者分析造成听证程序形式化的原因在于“维

---

① “三个公开”是指立案公开、审查公开和审查结论公开，核心是审查公开。“两种方式”是指公开审查听取当事人陈述的两种方式：分别听取和同时听取，要旨是必须听取当事人陈述。“一个目的”是要做到兼听则明，保障执法公正。

② 林喜芬、刘思宏：《论我国检察机关的听证办案模式》，载《国家检察官学院学报》2022 年第 5 期。

③ 霍敏：《检察听证制度完善研究》，载《国家检察官学院学报》2022 年第 1 期。

稳思想间接传导”“息讼传统观念影响”和“司法工作人员个人利益使然”等。这些分析主要着眼于“未严格遵守听证程序”“听证员作用发挥机制不完善”等方面，更多反映的是问题的表征，未触及深层次制度症结，没有从检察听证制度的整体角度，因此确有必要深入研究、系统剖析形式化问题的成因。

二、两个错位：检察听证形式化的原因探析

（一）检察听证形式化的问题表现

笔者长期从事检察机关听证组织工作，对检察机关听证实践较为熟悉，通过向Z省N市Y院、Z省N市J院、Z省S市K院主持过听证会的员额检察官发放调查问卷，本文归纳出听证形式化的问题主要有以下三种表现：

1. 案件当事人参与听证不充分。根据《听证工作规定》，听证过程除听证员必须参与外，其他人员均为“可以”参加。① 也就是说，案件当事人可以不参加听证会。在接受笔者调研的30名检察官中，有22名曾经主持过没有当事人参加的听证会，虽然此类听证占比不高，但也具有一定的普遍性。当事人不参加听证会背离了司法听证的本意。这类听证会上听证员仅通过听取检察人员对案情的介绍来了解案件情况，听证会上通常不会出现争议点，听证员一般都会认同和配合检察机关意见。如此实际形成了一个检察人员对听证员的单方面说服，以及听证员对检察人员意见背书的过程。司法听证原本就是指“在剥夺私人的生命、自由或财产时，必须听取当事人的意见。行政听证、立法听证，是因为听证的内容（公共政策、

① 《听证工作规定》第6条规定：“人民检察院应当根据案件具体情况，确定听证会参加人。听证会参加人除听证员外，可以包括案件当事人及其法定代理人、诉讼代理人、辩护人、第三人、相关办案人员、证人和鉴定人以及其他相关人员。”

规范性文件）效力及于不特定多数人，所以从一定范围的利益相关公众中选取代表作为听证员参与听证。司法听证基于一个个具体的案件，案件当事人作为利益相关方是最应当参与听证的人员，没有当事人到场的听证难免形成“听证走过场”的局面。

2. 听证会缺少争议点。曾有学者统计了 2022 年检察听证网公布的 143 份听证直播样本，发现超过 54.6% 的听证会在 20 分钟以下。[①] 笔者在调研问卷中也设置了相关问题：“您主持的检察听证案件有多少用时在 20 分钟以下？A 绝大部分，B 大部分，C 一半左右，D 少部分”。27 位检察官选择了“A 绝大部分”，3 位选择了“B 大部分”。听证会时间过短背后反映的是听证过程缺乏可供探讨的争议点，听证参与人对听证缺乏实质性参与。如果一个听证会 20 分钟走完全部流程，听证参与人实质讨论和听证员评议的时间可以说是寥寥无几。没有争议点的听证会，行为宣示意义大于案件处理的意义。

笔者认为，造成听证缺乏实质争议的主要原因如下：一是针对无争议案件开展听证。目前，相关文件尚未刚性规定听证案件范围，而一段时期内确实存在考核要求，承办人有挑选无争议的案件开展听证从速完成数量指标的理性动力。这些案件法律关系简单，听证的议题通常是拟作出有利于当事人的司法处分，案件当事人、听证员均无意进行争论。另外，在家长制观念的“息讼”意识下，复杂、有争议的案件往往被承办人认为“控场难度大”，听证可能存在风险，使得一些有争议的案件被逆向淘汰。二是听证程序中缺乏参与人互动环节。根据《听证工作规定》，涉及当事人的程序为“当事人及其他参加人就需要听证的问题分别说明情况”，当事人之

① 李辞、陈忠泰：《不起诉听证的实践图景与理想样态》，载《内蒙古大学学报（哲学社会科学版）》2024 年第 2 期。

间没有进行质证、辩论的机会。没有了当事人的质证、辩论，大部分听证员对听证案件的案情了解也并不深入，从而“听证员向当事人或者其他参加人提问”这一环节的程序意义也大打折扣。听证参与人间缺乏互动，很多案件的矛盾争议点也就无从充分暴露和讨论。

3. 听证主持人中立性不足。客观公正的诉讼程序需要主持人在作出裁决前保持中立，参与者实质参与。若主持人对裁决事项存在偏见，并利用主持人地位对程序内容产生影响，那么最终决定的结果就很难被认定为建立在确定、可靠的认识基础之上，那么裁决机制的功能预设就难免被架空。[①] 根据《听证工作规定》第 13 条的规定，听证会一般由承办案件的检察官或者办案组的主办检察官主持。这种模式符合检察机关独立行使检察权的宪法定位，也能较好保障承办检察官的办案主体地位。[②] 但是，该模式会在逻辑上造成“中立性”的悖论。一方面，承办人已有倾向意见实质上很难做到中立。从时间逻辑上看，检察听证是在承办人对案件已有初步审查意见后召开的，否则听证会的议题也将不复存在，刑事诉讼法第 173 条规定的“听取意见”的检察主导原则也将虚置。也就是说，长期被诟病的“先定后听”，如果是指通过检察机关内部审批流程已确定意见后举行听证会，那是错误的；但如果将“定”解释为承办人已形成初步审查意见，那“先定后听”在逻辑上是必然存在的。让一位心中已有案件处理倾向的人去保持中立，实在是强人所难，也难以落实。另一方面，由承办人担任听证主持人，在外观上也难以让其他听证参与人确信中立和公正。即使承办人在主持听证时可以做到“中立”，由于其已对案件作了初步审查，并提出了供

① 孙皓：《从检察听证到刑事审前程序诉讼化》，载《比较法研究》2023 年第 1 期。

② 谭金生、陈荣鹏：《检察听证制度实践的审视与完善》，载《西南政法大学学报》2022 年第 2 期。

讨论的听证议题，那么其他听证参与人也很难确信承办人的中立。实践中，许多听证案件中的承办人利用自身的主持地位，亲自下场说服听证员及其他听证参与人的情况屡见不鲜。

毫无疑问，一个存在形式化问题的听证会，不仅难以实际解决案件问题，而且会强化听证参与者、旁听者“程序虚无感”，甚至影响检察机关形象。这种检察听证不可能发挥好的社会治理效能。

（二）形式化问题背后的两个错位

要分析当前检察听证形式化问题的成因，首先有必要回到“听证”概念本身，厘清听证制度的发展源流。“听证”（hearing），一般也被称作听取意见，从制度史的角度看，听证源自英国法律中的自然公正原则。听证权的首次出现是在 1723 年英国本特利案中，王座法院因剑桥大学未赋予本特利为自己行为辩护的权利就决定剥夺其学位，而撤销了剑桥大学的决定。[①] 自然公正原则经过美国法律的适用与改造，被进一步表述为正当程序原则，并有了针对听证权利的经典表述，即“一切权力的行使在剥夺私人的生命、自由或财产时，必须听取当事人的意见，当事人具有要求听证的权利”。[②] 同时，美国也将听证制度从司法领域移植到立法和行政领域，如 1946 年《美国联邦行政程序法》首次以立法规定了行政听证程序。[③] 但无论在哪一个领域，听取利益相关方（代表）意见的这一核心内容

---

① 参见王峰：《公民听证权利视野下的司法听证》，吉林大学 2012 年硕士学位论文。办理案件听取意见的思想渊源也不唯西方法律思想，我国传统法律思想中也有兼听则明、无讼等司法理念。听证程序与我国传统法律思想契合。但囿于我国古代司法纠问式传统，我国现代的听证程序的制度主要还是由西方听证制度移植而来的。

② 参见王名扬：《美国行政法》（上），中国法制出版社 1995 年版，第 383 页。

③ 郑钟炎、程竹松：《论我国行政程序法典证据制度的构建——借鉴美国联邦行政程序法中的证据制度》，载《法治论丛》2003 年第 2 期。

始终不变。①

与域外的发展沿革不同，作为公共决策民主化的重要举措，我国听证率先于行政行为中引入，1996 年的《中华人民共和国行政处罚法》规定，对停产停业、吊销许可证或者执照、较大数额罚款等重大行政处罚，给予当事人在决定作出前听证的权利。在价格、环境影响评价等领域，听证程序也先后被写入行政法律。随后，听证程序进入立法领域，于 2000 年正式写入《中华人民共和国立法法》。在司法领域，我国的听证制度发展起步反而较晚，其中检察听证工作直到 2020 年才开始全面铺开。

通过梳理检察听证形式化问题的表现和听证制度的发展演进过程，笔者认为其深层次原因在于当前的检察听证制度的存在“主体错位”和“价值错位”：

1. 主体错位：案件当事人、听证员主体地位的错位。检察听证是围绕“案件当事人展开”，还是围绕“听证员”展开？从《听证工作规定》及司法实践看，目前还是以“听证员”为主体开展听证程序。

在听证程序的启动上，目前主要为检察机关依职权决定召开；虽然《听证工作规定》也设置了当事人及其辩护人、代理人申请召开听证会的程序，但批准与否的程序启动权依然是在检察机关手中。在检察听证参与人员范围上，听证员为必须参加的人员，当事人等人员则是“可以”参加。在听证会的程序步骤上，当事人是分别就听证的问题说明情况，而且是讲给“听证员”和“检察机关”听的，没有质证、辩论等主动互动的环节；听证员则可以向当事人或者其他参加人提问，主动了解案件事实。在听证结论上，是由听证员提出听证意见供检察机关参考。可见，在检察听证活动中，当

① 刘国媛：《刑事检察听证制度的“理”与“法”》，载《法学评论》2015 年第 1 期。

事人完全是被动参与的，其参与的价值主要在于说明案件事实，接受听证员提问。听证员则是听取意见、积极提问的主动地位。

实际上，无论是从听证的制度发展史看，还是从刑事诉讼法第 173 条规定的“听取意见”的立法精神看，司法听证的核心应在于公开听取案件当事人的意见。对听证员职责的创新创设赋予了检察听证制度更丰富的内涵和发展可能，值得肯定，但不应该在程序设置时让其越俎代庖，取代了当事人在检察听证中的主体地位。程序实质化的关键在于利益相关方的实质参与和有效的程序激励。由于听证员是与案件无利害关系的第三方，对于进行程序激励缺乏制度空间，其对听证活动参与的积极性主要与其主观因素密切相关。而与本案利益相关的当事人，在当前的听证程序中仅能被动参与，其主动性反而被程序限制，且缺乏制度化的程序激励措施。如果案件当事人无法在听证程序中拥有获得感，就更遑论其他第三方人士等实质参与。

2. 价值错位：正当程序与社会治理价值的错位。法律制度的价值实现可以是多元化的。一项行之有效的法律制度，可以利于实现 A 价值，也可以实现 B 价值，乃至 C 价值。但需认识到，这些价值中，有些属于基础价值，有些属于发展价值；发展价值的实现，建立在基础价值良好实现的前提下，那么在追求这两种价值时，应首先推进基础价值的实现。[①] 检察听证制度的正当程序价值和社会治理价值，就属于这种情况。

过去，我们较多关注的是检察听证“止争”的社会治理功能，但需明确，只有首先发挥好它“定分”的司法功能，才有可能实现有效的“止争”。听证权从“英国本特利案”走来，正当程序价值始终是听证制度的灵魂。特别在作为司法听证的检察听证制度中，

① 卓泽渊：《论法的价值》，载《中国法学》2000 年第 6 期。

司法功能是基础性的，有效实现听证的司法功能是实现其社会治理功能的前提。

关于当前检察听证制度“价值错位”的形成原因，笔者认为其与听证制度在我国独特的发展演进顺序有关。我国的听证制度是先以行政听证为开端，再到立法听证，最后才是司法听证。无论是行政听证，还是立法听证，其天然具有较强的贯彻公共政策的需求，这使得我国相对较晚建立的检察听证制度，也较偏重制度的社会治理价值。治理我国检察听证形式化问题的根本之策，也在于对这种价值错位予以祛魅和复正。

三、 推进检察听证实质化的完善路径

正如上文所论，治理形式化问题，根本在于纠正目前检察听证程序中存在的主体错位与价值错位问题，充分尊重案件当事人在听证程序中的主体地位，严格依照正当程序对现有听证程序进行调适。具体来说有以下几点：

（一） 完善听证启动程序

首先，明确听证案件的范围。《听证工作规定》中对可以听证的范围作出了规定①，其中，前面案件类型实际上是一个宽泛的列举，并无限制意义。“在事实认定、法律适用、案件处理等方面存在较大争议，或者有重大社会影响”虽有限制范围的实质意义，但限制条件不明确，仍是将裁量权力交予承办检察官个别判断。至于应当听证的范围，《听证工作规定》则没有涉及。这样就造成了听

① 《听证工作规定》第4条第1款规定：“人民检察院办理羁押必要性审查案件、拟不起诉案件、刑事申诉案件、民事诉讼监督案件、行政诉讼监督案件、公益诉讼案件等，在事实认定、法律适用、案件处理等方面存在较大争议，或者有重大社会影响，需要当面听取当事人和其他相关人员意见的，经检察长批准，可以召开听证会。”

证案件范围不明确的问题。根据正当程序原则的内涵，可以从三个原则出发把握听证的案件范围，即终结性原则、不利性原则和必要性原则，同时以严格标准建立听证案件负面清单，避免司法救助等没有实质听证内容的案件占用司法资源。

其次，严格落实听证权告知程序。对于符合“终结性”“不利性”条件的案件，检察机关在审查案件过程中应当制作《听证权利告知书》，告知当事人其具有听证的权利及不申请听证的可能不利后果。当事人按时申请听证的，即组织召开听证会。当事人不申请听证或逾期未申请的，则由检察机关根据“必要性原则”决定是否召开听证会。依职权决定召开听证会的，应当邀请当事人参加，当事人拒不参加的应承担缺席听证的法律后果。

最后，修正申请听证审核机制。对于不属于听证负面清单上的案件，当事人申请听证的，检察机关应当仅作形式审查，只要满足形式要求的应当及时召开听证会。需要注意的是，为防止检察官自由裁量权过大，对于承办人认为符合终结性、不利性原则而检察机关未发出《听证权利告知书》的案件，当事人主动提出听证申请，只要该案件不属于负面清单案件，检察机关也应当按照上述程序审核并及时组织听证。

申言之，通过上述三种做法，将“申请听证”作为一种“权利”赋予案件当事人，构建一种“依申请启动为主，依职权启动为补充”的检察听证启动模式。这种模式有多方面好处：一是有利于落实正当权利原则，尊重当事人的主体地位，对当事人的权利保障更为充分。二是有利于起到程序过滤效果，对于案件事实清楚，当事人认可检察机关拟处理方式的案件，当事人一般也不会去申请听证，这样就把大量没有实质争议的案件排除到听证制度之外。三是保留检察机关依职权启动听证的权力，有利于落实听证程序启动的“必要性原则”，保障检察机关在一些案情疑难复杂，或者具有重要示范意义的案件中开展检察听证，促进社会治理。

（二）明确参加听证的人员范围和方式

一是明确案件当事人应当参加听证。根据正当程序原则，听取当事人意见是听证的核心内容。因此，案件当事人均应当参加听证会。同时，为提高听证质效，在刑事案件中检察机关认为侦查机关参加听证对查清案件事实确有必要的，可书面通知侦查机关参加听证，侦查机关接到通知后应当参加听证。

二是完善有关听证员的配套制度。一方面，建立缺席听证制度。召开听证会时，应当参加听证的人员无正当理由拒不参加的，对其明确一定的法律后果，听证会依照有关人员缺席程序进行。另一方面，完善线上听证制度。为减轻参会成本，经检察机关允许，有关人员可在线参与听证。检察机关应完善线上听证细则，建立功能完备的电子听证平台，确保在线听证与在场具有同样效力。

（三）调适听证相关程序

一是由非承办检察官担任主持人。考虑到听证会可定期集中举行，频次不至于太繁，且听证中主持人主要发挥程序控制及引导的作用，并不需要谙熟案情，由非承办检察官担任主持人具有可行性。可以由承办人所在的部门的负责人，或者临近退休的资深检察官担任听证主持人。由于他们的职务、年龄因素，其本人的案件量一般不会太多，有时间和精力主持听证会，并且具有较深的资历，是作为听证主持人的合适人选。同时，为确保听证的亲历性，案件承办人仍在会场内听取各方意见，但不得发言。

二是听证会程序步骤中增加质证和辩论环节。质证和辩论环节是增强听证对抗性、实质化的关键程序。质证和辩论环节可设置在当事人及其他参加人就需要听证的问题分别说明情况之后，由主持人主持质证。质证结束后，经主持人允许，当事人和辩护人、诉讼代理人、侦查机关人员可以对证据和案件情况互相辩论。

三是优化听证的法律帮助。配置有效的听证法律帮助机制，有利于让质证和辩论程序具有实质意义。当事人有辩护人、诉讼代理人的，应当通知出席；犯罪嫌疑人、当事人没有辩护人的，建立值班律师听证法律帮助制度，由驻检察院的值班律师为犯罪嫌疑人提供法律帮助。当事人是行政机关的，行政机关法律顾问应当出席听证会。

四是明确听证权救济程序。法谚云："无救济的权利非权利"，听证权利救济程序的构建不可或缺，但目前相关规范付之阙如。需注意的是，听证权的内容是当事人有要求陈述、辩论等表达其意见的权利。故听证权的救济，不是对听证程序后司法处分的救济，而是对不当阻碍当事人获得听证机会的救济。一些研究成果探讨听证救济时着眼于对听证结果的救济，笔者认为这是一个误区。检察听证程序后的司法处分，如对不起诉决定、逮捕决定、不支持监督决定等，目前都已有相应的救济程序，不存在叠床架屋设置听证案件司法处分救济程序的必要。在上述依申请启动为主，依职权启动为补充的检察听证程序启动模式下，建议可以给予当事人申请听证复议权，即当事人申请召开听证会，受理申请的检察机关不予批准的，当事人可向上一级检察机关申请复议一次，上一级检察机关认为应当受理的，指示下级检察机关及时组织召开听证会，认为案件确属于负面清单类型不应当听证的，应驳回复议请求并书面说明理由。

（四）推进检察听证立法

当前听证形式化问题的各种表现，许多都与听证规范不明确，听证规范位阶不高有关。如实践中反映问题较多的听证案件范围、听证参加人员等问题，《听证工作规定》中均有规定，但用语均是“可以”，致使很多案件承办人无所适从或者“依易而行”[①]。检察听证程序关系司法处分决定的作出，其构建牵涉当事人诉讼权利义务分配，已经明显超出了内部办案规则的范畴，属于严格意义上的诉讼制度。[②] 根据立法法的规定，“诉讼和仲裁制度”“只能制定法律”，检察听证理应由法律予以明确规定。对比我国的行政听证程序、立法听证程序早早实现了立法化，检察听证的立法进程已严重滞后。建议可以在下一轮人民检察院组织法修改时将检察听证制度予以适当规定，切实将检察听证工作纳入法治轨道。

① 更多针对简单、容易处理的案件开展检察听证。

② 谭金生、陈荣鹏：《检察听证制度实践的审视与完善》，载《西南政法大学学报》2022 年第 2 期。

检察机关听证程序的规范化建设研究

——以新时代"枫桥经验"实践为视角

丑　丽　朱亚辉*

目　次

* 丑丽，重庆市人民检察院第五分院检察八部主任，三级高级检察官；朱亚辉，重庆市綦江区人民检察院检察七部三级检察官助理，重庆市检察理论人才。

（四）推进听证工作实质化，规范检察听证程序

（五）探索多元听证，创新发展“枫桥经验”

检察听证工作对案件审查及科学结论的作出具有重要推动作用。2020年9月14日，最高人民检察院发布了《人民检察院审查案件听证工作规定》（以下简称《规定》），以进一步加强和规范检察听证工作。通过检察公开听证，促进检察机关办案更加公开、透明，倒逼检察监督能力提升，在体现司法民主与进步的同时，充分发挥人民群众参与法治建设的作用。[①] 党的二十大报告指出，我国社会主要矛盾是人民日益增长的美好生活需要和不平衡不充分的发展之间的矛盾。如何满足人民群众日益增长的司法需求，增强人民群众的司法获得感是新时代检察机关面临的新课题。检察机关积极落实党中央工作要求，以“枫桥经验”为指导，以检察听证为重要载体，努力践行以人民为中心的发展思想，不断探索提高司法公信力的有益实践，深化司法民主，把全过程人民民主贯穿检察监督办案全过程，打造新时代坚持发展检察版“枫桥经验”。

一、“枫桥经验”与检察听证的逻辑关系与连接点

（一）“枫桥经验”的传承与发展

“枫桥经验”是指20世纪60年代初，浙江省诸暨县（现诸暨市）枫桥镇干部群众创造的“发动和依靠群众，坚持矛盾不上交，就地解决，实现捕人少，治安好”的社会治理“经验”。为此，1963年毛泽东同志就曾亲笔批示“要各地效仿，经过试点，推广去做”，“枫桥经验”由此成为全国政法战线矛盾化解的一面旗帜。党

① 参见高祥国、尹航、王磊、王晓雪：《公开听证在检察机关办案工作中的应用研究》，载《辽宁公安司法管理干部学院学报》2021年第2期。

的十八大以来，习近平总书记高度重视坚持和发展“枫桥经验”，并指出：“各级党委和政府要充分认识‘枫桥经验’的重大意义，发扬优良作风，适应时代要求，创新群众工作方法，善于运用法治思维和法治方式解决涉及群众切身利益的矛盾和问题，把‘枫桥经验’坚持好、发展好，把党的群众路线坚持好、贯彻好。”① 如今，“枫桥经验”在历史长河中历久弥新，并随着时代的变迁不断发展与完善，焕发出蓬勃生机和旺盛活力，形成了以“五个坚持”为主要内容的新时代“枫桥经验”。②

（二）检察听证与“枫桥经验”的内在逻辑关系

1. 价值基础的同源性。无论是“枫桥经验”还是检察听证，都是党以人民为中心的发展思想在基层社会治理的具体体现。“枫桥经验”是以人为本的经验，是人民群众集体智慧的结晶，一切为了群众，一切依靠群众是“枫桥经验”的出发点和落脚点，新时代“枫桥经验”更是以稳定安民、发展富民为目标，发挥党的政治优势，广泛发动群众，组织群众，依靠群众化解矛盾、促进和谐，着力营造政通人和的良好局面。③ 因此，检察机关应坚持以人为本、司法为民理念，积极开展公开听证工作，以充分保障处于弱势群体的公民、组织的知情权、参与权及监督权，体现以公开促公正、用听证赢公信的理念，也是检察机关落实“让人民群众在每一个司法案件中感受到公平正义”要求的积极探索。

---

① 参见王民华：《枫桥经验在基层劳动人事争议调解中的实践与思考》，载《劳动保障世界》2018 年第 18 期。

② 参见 2021 年中共中央、国务院发布的《关于加强基层治理体系和治理能力现代化建设的意见》。“五个坚持”即坚持党建引领，坚持人民主体，坚持自治法治德治融合，坚持共建共治共享，坚持预防为主、标本兼治。

③ 参见马永定、戴大新、吴佳宝：《枫桥经验：践行党的群众路线的典范》，载《观察与思考》2013 年第 11 期。

2. 追求目标的一致性。调处息争、定分止争是“枫桥经验”和检察听证共同追求的价值目标。“枫桥经验”的核心内涵是发动群众、依靠群众，把矛盾纠纷化解在基层，通过建立专业调解、完善群众自治、做好服务保障等各项措施，把各种问题和矛盾化解在第一现场和萌芽状态，已然成为基层社会治理的重要方式。因此，检察机关应积极履职，通过检察听证拓展公众参与社会治理渠道，坚持“应听证尽听证”原则，将公开听证作为常态化办案机制常抓不懈，让人民群众广泛参与检察司法活动，给予诉讼利益相关人充分表达观点空间，充分展示争议焦点，明辨是非曲直，进而达到消除疑虑、化解矛盾、修复社会关系的目的，真正实现定分止争。

3. 检察领域的践行性。检察听证是检察机关的一项战略性工作，是贯彻落实党的十九届四中全会精神、运用检察职能参与国家治理、推进国家治理体系和治理能力现代化的创新举措，也是检察机关践行“枫桥经验”的重要载体。检察机关努力践行以人民为中心的法治思想，以公开听证践行“枫桥经验”，积极回应人民群众对司法公正、社会稳定的全新诉求和对检察机关的全新期待，深化司法民主，保障人民群众参与司法，把全过程民主贯彻到检察监督办案中，将检察权置于阳光下运行，强化社会矛盾化解，通过案件办理最大限度化解矛盾，让公平正义看得见、摸得着。

（三）创新发展检察听证的现实意义

1. 高站位落实党中央要求的具体体现。新时代“枫桥经验”是习近平新时代中国特色社会主义思想在国家治理能力现代化、新时代践行党的群众路线和社会治理具体实践领域的集中体现。毛泽东同志批示学习推广的“枫桥经验”已走过60余年风雨历程，习近平总书记指示坚持和发展“枫桥经验”也已经过20余年璀璨发展，深厚的历史底蕴让“枫桥经验”更加深入人心。因此，深入贯彻落实习近平总书记重要指示精神，深刻领会新时代“枫桥经验”的核心内涵及时代价值是检察机关政治自觉、法治自觉、检察自觉的重要体现，检察机关应充分珍惜“枫桥经验”，大力推广“枫桥经验”，不断创新“枫桥经验”，切实把思想和行动统一到中央、最高检的要求上来，依托检察听证制度，积极推动基层社会治理现代化，有利于打造具有检察辨识度的“枫桥经验”样本。

2. 顺应社会治理时代要求。新时代，我国经济社会快速发展，社会的主要矛盾也已发生重大变化。人民群众对民主、法治、公平、环境等方面有着内涵更丰富、水平更高的需求，各种利益诉求引发的社会矛盾触点多、燃点低。检察机关坚持和发展“枫桥经验”，践行绿色司法主线，积极适应国情、社情、民情给检察工作提出的新要求、新挑战，妥善解决法理、事理、情理矛盾，充分运用检察环节的非诉纠纷调解机制，特别是运用检察听证做好释法说理、矛盾化解、息诉罢访等工作，不仅可以有力服务地方党委关于推进平安建设、法治政府建设工作大局，还有利于推进形成德治、法治、自治、共治、善治“五位一体”的社会治理新格局。同时，可以有效提高检察机关自身的良好形象，从而推动检察工作的科学发展。

3. 参与社会治理必然选择。习近平总书记指出：“法治建设既要抓末端、治已病，更要抓前端、治未病。”① “枫桥经验”所蕴含的社会和谐思想、矛盾化解理念在新时代社会转型中孵化出社会治理的系统观念、法治思维。矛盾应从源头抓起，把矛盾过程变成尊重民意、化解民忧、维护民利的过程，疏导人民群众的不满情绪，消解人民群众的误会，解决人民群众的切实困难，真正把矛盾根源

---

① 参见习近平：《坚定不移走中国特色社会主义法治道路　为全面建设社会主义现代化国家提供有力法治保障》，载《求是》2021 年第 5 期。

化解在基层是“枫桥经验”的精髓所在。检察听证作为检察机关深入践行司法为民理念的制度举措，坚持“案结事了人和”的价值目标，与社会治理“预防化解矛盾纠纷”的价值意蕴一脉相承、高度契合。同时，通过公开听证，搭建平等沟通交流对话平台，缓解当事人相互对立情绪，引导其运用合法途径解决矛盾纠纷，不仅有助于化解当事人心结、调处矛盾，还有利于消弭社会戾气、促进社会的和谐稳定。

二、 检察听证规范化建设的现实困境

（一）案件适用率偏低，听证能力建设不足

根据《规定》的要求，检察听证虽然有“应听证尽听证”的原则规定，但《规定》第 4 条只对召开听证的案件及其适用情形作了概括性列举，对相关案件表述为“可以召开听证会”。因此，听证在一定范围内不是必经的法定办案程序，具体的适用会受到各种外在因素的影响。从基层检察机关办案情况看，听证程序的适用率偏低，以 C 市 Q 区检察院为例，2020 年至 2023 年上半年共办理各类刑事犯罪案件共计 5981 件，开展听证案件仅为 100 件，占比仅为 1.67%。启动方式来看，主要由检察机关依职权启动，当事人主动申请听证的案件几乎没有。究其原因：一方面，思想认识不够，特别是部分检察官对检察听证的重要意义认识不够，认为检察听证占用办案时间、影响办案效率，听证开展与否对考核影响不大，与其他考核指标相比“性价比不高”，开展听证的积极性、主动性不高。另一方面，听证能力不足，开展听证对检察官释法说理、应急处变、临场把控等综合能力的要求较高，部分检察官担心无法把控现场或存在舆情风险而不敢开展。

（二）听证程序不规范，影响制度价值发挥

1. 听证案件选取不全面。《规定》第4条明确，在案件事实认定、法律适用、案件处理等方面存在较大争议或者有重大社会影响，需要当面听取当事人和其他相关人员意见的，经检察长批准，可以召开听证会。然而，在司法实践中，基层检察机关开展听证工作多为完成考核任务，开展听证的案件范围集中于不起诉轻微刑事案件、民事诉讼监督案件、刑事申诉案件等类型，该类案件的案情较为简单明了、社会矛盾较小且矛盾纠纷基本已经化解，而对案件定性存在较大争议、信访隐患较大的疑难复杂案件则采取了听证规避措施。因此，选择性听证不仅浪费司法资源，导致检察听证工作缺乏严肃性、必要性，也不利于发挥听证工作化解疑难复杂案件矛盾的优势、作用，进而严重影响听证效果。

2. 听证程序不规范。实践中，听证程序基本固定，即听证工作的开展有其固定模式、程序，听证过程缺乏举证、质证等公开示证环节，难以充分展示与案件争议焦点有关的证据。根据最高检《检察听证工作业务流程、案卡项目、工作文书与统计报表使用指引（2024年版）》（以下简称《指引》）关于"听证案情告知"的规定，承办检察官准备听证员阅看材料，可以将案件相关情况、诉争焦点、需要听证的问题等信息经脱敏处理后，以概要的方式线上告知听证员；如有必要，承办检察官可以准备听证前现场会，组织听证员通过电子、纸质等方式进行阅卷或者阅看其他相关资料。然而，在实践中，听证员了解案件基本情况的方式仅是通过检察机关制作的简单案情介绍，或者通过检察机关办案人员的口头简单讲解。因此，听证员对案件情况的掌握缺乏全面性。

3. 听证员选取机制不完善。当前听证员遴选工作缺乏统一的、普遍的法定程序保障，听证员的选聘也缺失顶层制度层面的规范性文件。虽然一些地区的检察机关在内部出台了关于建设听证员库的相关规定，但目前多由基层检察机关自行建设听证员库，自主开展听证员的组织工作。同时，根据《指引》的规定，应当按照随机抽取为主、指定抽取为辅的原则抽取听证员。实践中，听证员由检察机关自行选择，由于缺乏相应规则，随机抽取与指定抽取方式似乎并无区别。为了保证听证员的中立立场，应当建立更加规范化的规章制度。

（三）听证员“听而不证”，检察听证质效不高

1. 临场听案不熟案情。在实践中，听证员在听证开始前往往仅知道听证会的时间、地点，对涉及的案件基本情况、争议焦点等内容不了解，大多是现场临时听“案”，特别是为了提高听证效率，针对简易听证案件进行集中听证，有时一上午可能会举行数个案件检察听证，听证员由于不了解案情，加之不熟悉法律知识，很难在较短时间内发表出有效的意见，一定程度上影响听证的实际效果。在一些重大、疑难、复杂案件的听证中，由于不熟悉案情，作出错误决定的概率大大增加。

2. 听证评议流于形式。从听证员的来源看，检察机关选取的听证员主要为本地人，多与检察院人相熟，且不熟悉案情，开展听证时很少进行实质性讨论，即使有不同意见，也碍于检察机关的情面，特别是其相关经费保障亦由检察机关保障，不轻易发表自己的观点，从而产生评议意见“随大流”。实务中，绝大多数听证员评议意见为“无意见”或“同意检察官意见”，极少数听证员可能存在不同意见，但评议结果均与检察机关拟处理意见一致。

（四）民主参与度不高，听证程序监督受限

1. 被害人参与听证会的保障措施欠缺。听证要义在于为案件双

方当事人搭建陈述、申辩、质证的程序平台，并由办案机关听取各方诉求，确认案件事实及证据，据以作出符合国法、天理、人情的案件处理结果。犯罪嫌疑人参与听证工作能够充分表达其认罪悔改态度，被害人参与听证可以达到释法说理、息诉罢访的目的，并有利于社会关系的修复。然而，在司法实践中，部分听证案件的听证主体主要包括犯罪嫌疑人、侦查人员、检察机关承办人及听证员，由于检察机关公诉职责的影响，被害人较少参与听证工作，导致了严格意义上的听证程序瑕疵，制度设计缺少保障被害人听证的措施。

2. 有专门知识的人纳入听证员范围狭窄。部分案件涉及的证据等内容具有较强的专业性，需要邀请专家学者参与听证解读，并阐释相关专业知识，以增强听证的权威性、专业性。然而，基层检察机关选取的听证员主要集中于人民监督员、人大代表、政协委员等群体中，律师等法律职业共同体以听证员身份参与听证的比例较低，而技术型专家、具有鉴定知识的人纳入听证员的范围最为狭窄。据 C 市 Q 区检察院数据统计，2020 年至 2023 年上半年邀请听证员参加检察听证会共计 312 人次，律师参与听证仅 41 人次、占比为 13.14%，而专家学者仅为 2 人，占比仅为 0.64%。

3. 公众及媒体的听证参与权保障不足。《规定》明确了公开听证案件，公民可以旁听，人民检察院也可以邀请媒体旁听的精神。《指引》对“听证公告及旁听”也作出了规定：“拟对案件进行公开听证的，承办检察官应当于听证会召开三日前发布听证公告，由系统同步到本院指定对外平台予以发布。对于旁听的，开发社会公众旁听报名端口，或者提供旁听报名的其他方式。”但在司法实践中，由于公开听证的宣传不到位，以及公开听证发布渠道单一等原因，公开听证中几乎没有社会公众、媒体的参与，公众和媒体的听证权保障不足，在一定程度上影响了听证案件的公开度。

三、 检察听证制度规范化建设路径探析

（一）强化听证能力建设，提升听证专业水平

1. 加强检察官听证业务学习培训。一方面，以出庭能力建设为契机，加强检察官在听证现场把控、释法说理、应急处变等方面的能力建设，强化最高检、市院关于检察听证相关规定文件的学习，通过检察听证业务讲座、岗位练兵、听证实训等方式，不断提升检察听证的能力和水平。另一方面，积极组织检察人员到检察听证先进院进行参观学习，学习先进检察听证经验。

2. 提升检察人员听证积极性。进一步完善检察官业绩考评指标，将检察听证开展情况纳入业绩考评，对通过检察听证取得较好办案效果的检察官，在年终考核评优评先时予以优先考虑，通过正向激励提升检察人员开展听证的积极性。对于“应听证”而未听证的案件，经审查确有开展听证必要的，可将其纳入业务部门负面考核，倒逼部门督促检察官认真履职、担当作为，切实发挥检察听证化解矛盾争议、维护公平正义的作用。

（二）廓清听证适用范围，准确选取听证案件

1. 准确把握听证案件的标准及法定条件。为了更加科学地构建听证案件筛查标准，对于申请开展听证的案件应进行全面审查，正确区分“应当型”或“可以型”类别标准。在事实认定、法律适用等方面存在较大争议或者有重大社会影响，以及当事人及其辩护人、代理人主动申请听证的，需要当面听取当事人和其他相关人员意见的，应当开展听证工作。对于案件事实认定、证据采信争议不大，仅对案件处理结果有异议的，依当事人申请可以开展公开听证。而对于案情简单、情节轻微、事实认定与法律适用争议不大且

双方当事人已经达成和解意愿的不捕、不诉或羁押变更类案件，应当排除在听证范围之外。

2. 强化听证案件选取审查监督。检察听证工作监督是提高听证质量的重要保障，应进一步落实《规定》《指引》关于听证审批相关规定，加强听证案件程序监督。听证结果不仅涉及检察官自由裁量权，更会对案件当事人产生重大影响，要充分发挥业务部门负责人对听证案件程序进行审查把关的作用，对于符合听证条件“应当”听证而未听证的案件，可以根据案件具体情况督促承办检察官依职权启动检察听证程序。

（三）完善听证制度管理，提升检察听证质量

1. 充分保障当事人诉权。检察听证程序运行蕴含厘清案件事实、妥当适用政策和法律的内涵。听证结果关乎当事人切身利益，因此，听证工作应当具有一定的对抗性，以保障当事人的“陈述权”“答辩权”“质证权”“申请回避权”等。另外，在有被害人的案件中，应当格外注重保障被害人的知情权、参与权，在当事人不同意听证结果时，允许其提出异议并充分阐述理由、意见，或者提供相关证据对案件事实予以证实，进而保障其权利救济。

2. 科学合理选任听证员。科学的听证员选拔程序对于保证听证质量具有重要意义。笔者认为，应结合案件实际情况，科学合理地选拔听证员。尤其涉及专业领域的听证案件时，应当有针对性地邀请相关领域的专家或有相关从业经验的听证员参与听证工作，发表意见。由于基层检察机关听证会中的技术型专家、具有鉴定知识的专业人员参与听证不足。因此，可探索由省市级检察机关建立环保、经济、心理等特殊专业听证员库，在基层检察机关开展专业性较强案件的听证时，由上级检察机关申请特殊专业听证员参与听证。

3. 建立检察听证案件繁简分流程序。基层检察机关可以根据工作实际自主科学设置听证程序，对于案件事实和法律适用争议不大、社会关注度不高的案件，优先适用简易程序，快速处置，快速办理。但对于社会关注度较高、影响较大的重大、疑难、复杂、敏感案件，应秉持回应社会疑虑、修复社会关系的理念，适当扩大听证主体参与范围，并参考法院审判程序，探索建立听证调查、举证质证、辩论、陈述等听证环节，以保障各方的程序参与权。

4. 完善听证员的管理及保障措施。听证员自身能力的提升也是听证制度有序运行的重要方面。笔者认为，应针对听证员定期开展教育培训活动，特别是法律知识培训，以提升听证员的履职技能，保障听证意见的客观性、有效性。同时，也应完善听证员的退出机制，不符合履职要求的听证员及时退出。在保障方面，要完善听证员补助机制，可将听证员履职补助由上级检察机关统一发放，以保证听证工作的有序开展。

（四）推进听证工作实质化，规范检察听证程序

1. 提高听证社会参与度。一方面，加强检察听证宣传，通过“两微一端”加强检察听证有关规定、内容及重要意义的宣传，让社会公众、媒体了解知晓检察听证的内容及作用。另一方面，拓宽听证案件信息发布渠道，通过微信公众号、发布公告等多种渠道发布拟举行检察听证会时间、地点、案由等相关信息，让社会公众能够及时了解最新检察听证信息并积极参与其中。

2. 建立科学的阅卷制度。全面掌握案情是听证员正确发表听证意见的前提，为了保障听证员的知情权，应当建立听证员会前阅卷制度，除涉密案卷内容外，听证员可在检察机关查看与案件有关的所有资料，以便知悉案件全貌及明确争议焦点。同时，建立听证保密制度，参与阅卷的听证员应当签署保密承诺，避免因工作泄密造

成不良影响。

3. 加强听证过程的证明论证。在听证案件繁简分流的基础上，针对重大、复杂、疑难案件，应当强化听证过程的证明论证环节。即听证参与人应当围绕案件的争议焦点进行举证、质证、辩论等；听证员应实质性审查案件的证据材料，对报告结论的作出提出意见；听证会其他参与各方应充分展示证据链条，以便听证员能够从各方的陈述、申辩、辩论中确认案件事实证据，据以作出准确评议意见。

4. 强化对不同听证意见阐释工作。听证过程中对于持不同意见的听证员，应当充分尊重其发表意见的权利，对于听证意见分歧较大的，应详细记录其意见建议，在拟不采纳听证员意见的情况下，应及时报告检察长，必要时应召开检察官联席会议或者提交检察委员会讨论决定。同时，将案件讨论意见和理由向听证员详细说明并阐述不采纳理由，并送达相关法律文书，真正将听证意见的效力落到实处。

（五）探索多元听证，创新发展“枫桥经验”

1. 深化上门公开听证。打破以往闭门办案工作模式，积极探索检察听证进社区、进乡村、进企业等检察听证新模式，将听证会开到群众家门口、案发地，对周边村民开展以案释法活动，达到“办理一案、教育一片”的效果。

2. 创新网络听证方式。重视依托新媒体平台，创新听证形式，强化公众参与，积极利用检察听证网开展“线上+线下”听证直播，将公开听证开放性、多元化等特点与网络直播相融合，增强公开听证透明度，提高检察监督效能，打消当事人疑虑，提高公开听证的各方参与度，让公开听证切实发挥其应有的作用。

3. 探索“听证+”模式。听证程序是践行全过程人民民主的重要形式，听证结束并不意味着司法过程的结束，[①] 检察机关应深入参与社会治理，打好检察听证“组合拳”，推行“检察听证+”工作模式，注重会后延伸工作，通过“检察听证+反向审视”“检察听证+司法救助”“检察听证+检察建议”以及“检察听证+法律宣讲”等方式，做好检察听证“后半篇文章”，积极推动社会治理，充分发挥检察听证价值导向功能，促进检察听证工作的高质量发展。

① 参见韦九报、刘元见、杨洋：《社会治理现代化视域下检察听证症结与破解机制》，载《中共桂林市委党校学报》2023 年第 4 期。

基层检察听证工作的实践困境与优化进路

——以S省H市检察机关检察听证办案实践为研究样本*

程秀立　于　露　宋宇飞　邵朱珂**

目　次

* 本文系2024年度最高人民检察院检察听证理论研究立项一般课题“基层检察机关听证实践研究”的阶段性成果。

** 程秀立，山东省菏泽市人民检察院案件管理办公室主任、检察委员会委员，四级高级检察官；于露，山东省郓城县人民检察院检察委员会专职委员，一级检察官；宋宇飞，山东省菏泽市人民检察院案件管理办公室副主任；邵朱珂，山东省郓城县人民检察院检察业务管理部检察官助理。

2019 年，最高检党组要求检察机关发布典型案例必要时组织听证，检察听证制度初现雏形。2020 年 1 月，“应听证尽听证”与全面推广公开听证制度的要求提出；9 月，《人民检察院审查案件听证工作规定》制发。2021 年 6 月，《中共中央关于加强新时代检察机关法律监督工作的意见》明确“引入听证等方式审查办理疑难案件”。2022 年，《人民检察院听证员库建设管理指导意见》出台。2023 年，全国检察机关共举行听证 25.8 万件次，其中信访案件听证后化解率 78.6%。2024 年，全国检察机关举行公开听证 17.7 万件次。历经六年，检察听证不断完善和发展，重心下移、检力下沉，检察听证工作的基础和关键在基层，检察听证工作实践是对检察听证制度价值旨趣最为生动的诠释。因此，本文以 S 省 H 市 10 个基层检察院近三年（2022 年 1 月至 2024 年 12 月）检察听证工作为样本，“解剖麻雀”深度检视，分析问题，探索成因，以期寻找充分发挥检察听证价值、提升检察听证质效的优化路径。

一、检察听证制度的价值旨趣

（一）政策价值：检察工作落实全过程人民民主的重要举措

党的二十大报告强调：“全过程人民民主是社会主义民主政治的本质属性，是最广泛、最真实、最管用的民主。”检察听证正是为协商民主制度有效落实于检察工作，人民群众更好地行使当家作主权利的一项制度供给，广纳群言、广集民智，凝聚人民在推进检察自身改革和发展中的智慧和力量，不断夯实检察工作深厚的民意基础。为利害关系人提供发表不同意见的平台是听证程序设立的初衷。① 人民群众通过听证平台，提出观点、表达诉求、行使监督，在常规的、常态的检察听证活动中，增强其民主意识，历练其民主才干，切身感受检察机关所给予的关怀与尊重、体谅与包容。

（二）社会价值：实现人民群众知情权与参与权的客观需要

检察听证融法、理、情于一体，通过对事实认定、法律适用等争议较大的内容进行分析讨论，使当事人充分理解检察机关的意见和建议，以人民群众可感、可触、可信的方式化解矛盾。以检察听证“面对面”，纾解人民群众急难愁盼，促进社会和谐稳定。例如，天津津南区、河北秦皇岛高新区等地检察机关“带案下乡”，在当事人所在社区、乡村进行“上门听证”；浙江舟山两级检察院建立“东海渔嫂监督员”队伍参与检察听证，发挥“渔嫂”熟悉社情民意、善于沟通群众等优势，推动完善多元解纷。检察听证构建起良性互动机制，多方智慧消弭积怨、化解矛盾，促进息诉罢访。②

（三）司法价值：提升检察机关法律监督质效的必然要求

检察听证是根据重大部署决策和国家法治建设要求的制度创新，高度契合了检察权运行的实践需求，也是推动“四大检察”融合发展的有效手段。检察听证让检察办案模式从封闭走向公开，通

---

① 杨坤、万毅、刘亦峰、谢科：《听证在检察机关办案中应用问题研究》，上海三联书店2021年版，第35—36页。

② 《张军在第三届新时代检察工作论坛上提出——以检察听证厚植党执政政治基础 让公平正义可见可感》，载《人民检察》2021年第19期。

过邀请具有专业知识背景的律师、医生、心理咨询师等担任听证员，听证员以第三方的理性视角，从不同于检察官的角度，就案件事实、法律适用等问题发表专业意见，有利于检察官全面审查案件，了解案情，作出审查决定，提升案件质量，以决策过程的公开和民主促进决策结果的科学与公正。

二、S省H市基层检察听证工作的实践运行情况

第一，听证案件数量方面。2022年1月至2024年12月，S省H市基层检察机关共组织检察听证2737件。其中，2022年858件，2023年1221件，2024年658件。由此可见，听证工作规定颁行后，H市基层检察机关每年组织检察听证案件数量年均900余件，呈现平稳发展的态势。

第二，听证案件类型方面。拟不起诉案件1440件，占比52.61%；审查逮捕案件181件，占比6.61%；羁押必要性审查案件102件，占比3.72%；公益诉讼案件64件，占比2.34%；行政诉讼监督案件35件，占比1.28%；民事诉讼监督案件34件，占比1.24%；刑事申诉案件18件，占比0.66%；国家司法救助案件4件，国家赔偿案件2件，共计占比0.22%；其他类型案件857件，占比31.31%。在占比最大的拟不起诉案件中，所涉罪名案件数量位列前五的为：危险驾驶罪693件，交通肇事罪230件，盗窃罪130件，故意伤害罪103件，帮助信息网络犯罪活动罪44件，非法种植毒品原植物罪和掩饰、隐瞒犯罪所得、犯罪所得收益罪均为23件。绝大多数不起诉听证案件被不起诉人所涉犯罪通常法定刑为三年以下有期徒刑，听证时长一般小于30分钟。而对于技术性较强、专业壁垒较高的犯罪，如虚开增值税专用发票罪（16件）、非法经营罪（9件）、假冒注册商标罪（9件）、非法吸收公众存款罪（6件）、重大责任事故罪（5件）的案件开展听证则较少。

第三，主持人身份方面。检察长主持 90 件，副检察长主持 106 件，检察委员会专职委员主持 132 件，共占比 11.98%，较好发挥了示范引领作用，检察官主持 2405 件，检察官助理主持 3 件。

第四，听证员组成方面。人大代表参加听证 569 件，政协委员参加听证 581 件，人民监督员参加听证 2404 件，特约检察员参加听证 71 件，专家咨询委员参加听证 12 件，人民调解员参加听证 9 件，当事人所在单位代表和居住地的居委会、村委会委员分别参加听证 38 件、30 件、217 件，其他社会人士参加听证 651 件。听证员的选取具有广泛性、专业性、客观性，使得检察机关听取的意见更加多样，彰显了司法民主。

第五，听证结果方面。采纳多数听证员意见的案件 2680 件，占比 97.92%；多数听证员同意检察机关初步处理意见的案件 2665 件，占比 97.37%。

第六，听证形式方面。公开听证 2534 件，不公开听证 203 件。公开听证已成为趋势，并在逐年递增。

第七，听证工作保障方面。目前，H 市 10 个基层检察院均已设置单独的检察听证室，具备开展线下、线上听证条件，更有检察院已依托数字智能感应控制系统，实现听证视角的即时切换和全面覆盖，建立了“沉浸式”检察听证室。同时，注重软件程序在检察听证工作中的运用，研发了“听证员抽取程序软件”，运用信息化手段随机抽取听证员参加听证会。

三、 基层检察听证工作的实践困境

基层检察听证工作在实践中面临系统性挑战，集中体现为制度、理念、保障与效能层面的四重结构性矛盾。制度层面，听证规则立法位阶偏低导致程序约束力不足，跨部门协作机制缺位制约协同效能，案件筛选标准模糊与听证员管理机制碎片化并存，引发选择性听证与专业适配困境。理念层面，部分检察人员对听证制度的司法民主价值认知不足，存在“程序负担”思维定式，民事行政等领域听证适用失衡，“避重就轻”倾向与形式化听证削弱矛盾化解实效。保障层面，案例指导体系断层、信息化建设迟滞与技术应用短板并存，理论研究薄弱与社会认知度不足形成双向掣肘。效能层面，听证意见落实缺乏强制约束，类案治理转化机制与效果评估体系缺失，致使制度辐射效应受限。这些困境折射出传统司法模式与现代司法民主化需求的深层张力，亟待通过制度重构、理念革新和技术赋能实现系统性突破。

（一）推进基层检察听证规范化运行的配套机制不健全

检察听证相关规定立法层级较低，导致检察听证工作的权威性较弱，无法强制要求检察机关之外的其他单位人员规范参与听证活动，与公安、法院、其他政府部门之间的协作配合机制不健全。由于缺乏统一规定，听证范围与案件选取随意，“应听证未听证”“无须听证但听证”的情况大量存在。听证员相关制度仍待优化，听证员任期各地规定不同，缺乏统一性，对听证员的聘任、抽选、培训等未规范或者规范过于宽泛，听证前准备不足，多有临时听证的情形，听证员专业水平有待提高，法律素养高的听证员需要扩充，缺乏听证员回避机制。

（二）检察人员对开展检察听证的认识不到位、专业能力不足

目前，基层检察听证对“应听证尽听证”的要求还存在较大差距，“四大检察”开展听证不均衡。部分检察官存在错误认知，受司法惯性影响，办案理念还未完全转变，认为检察听证是增加诉累，有畏难情绪，甚至认为听证与办案无关，不愿、不想开展检察听证，只是被动应付。还有的专业能力不足，不敢、不善运用检察听证化解矛

盾纠纷，多选取矛盾纠纷基本化解或者事实认定、法律适用争议不大、社会关注度不高的案件进行公开听证，避重就轻。听证过程实质化是检察听证制度优势与检察公信力的根基所在。① 但，“凑数听证”“走过场听证”的问题仍待解决，听证流于形式，背离了制度建设的初衷，也造成了司法资源的浪费，不能充分体现检察听证的价值。

（三）保障检察听证常态高效开展的软硬件建设不完备

检察听证业务指导工作供给不足。最高检尚未制发以检察听证为专题的指导性案例，为数不多的典型案例更是存在覆盖类型不平衡的缺点。对检察听证工作的宣传引导不够，社会公众对检察听证制度的认知度和参与度不高，限制了听证工作的社会影响力。检察听证相关理论研究亦较为薄弱，形成的成果文章数量较少，缺少专题研究，推动检察听证的理论动力不足。部分检察院的听证系统未能与中国检察听证网等信息化平台有效对接，影响了听证信息的及时公开和传播。检察听证与智慧检务还未实现无缝衔接，智能化水平仍有待提升。

（四）意见建议落实效果欠佳，听证放射效应有待扩展

开展检察听证进行程序公开不是目的，追求实体公正才是核心。听证评议意见建议对个案公正至关重要，但又不止于个案，从个案拓展至类案，摸索办案规律，针对听证中发现的社会治理问题，可以提出相应的检察建议。但是，当前听证后的意见建议往往停留在纸面，未能有效转化为实际行动。对于听证过程中收集到的有益经验和创新思路又缺少总结归纳，未能得到及时推广和应用，

① 于丽红、邓洪涛：《论检察听证制度诉讼化改造》，载《江西社会科学》2022 年第 9 期。

导致听证效果不佳。听证结果的反馈机制不够完善，缺少后续跟踪问效，当事人和社会公众对听证后续处理情况的了解渠道有限，影响了听证的透明度和公信力。

四、基层检察听证工作的优化进路

（一）健全和完善配套制度机制，促进检察听证规范运行

尽快推动检察听证法律化。精准识别为先，明确开展听证的两个实质性要求：存在较大争议或者具有重大社会影响，纳入“必要性”与“风险性”两个判断标准，建立“正面”“负面”两项清单，进一步细化界定开展听证的范围和条件。加强案件审查与过滤机制建设，遵循检察工作规律，顺应案件繁简分流，设计差异化听证程序，分为普通听证与简易听证，确定不同程序的听证员与旁听人员的数量与范围，举证、质证与辩论环节的权衡拣择。积极探索完善听证员选任管理制度，注重听证员类别的合理配置，健全听证员工作制度，听证员要做到不受检察机关意见的影响，积极参与听证活动，充分发挥专业优势，客观了解案情，独立发表意见。稳妥探索设立听证专项保障经费，明确使用办案经费举行公开听证的标准和程序，增加办案经费补助，提高开展检察听证的积极性、主动性。探索建立上级检察院备案、定期通报等制度，确保听证工作高质量发展，每一起听证案件都经得起检验。

（二）强化听证有用且可用理念，促进检察听证高效开展

强化对听证重要性的认识，做到“应听尽听”，需要通过培训考核提升检察人员的政治素养，从政治的高度看待检察听证的价值，自觉站稳人民立场，切实以检察履职扛起“共建共治共享”的时代担当。各业务条线全面铺开业务培训，要将开展听证作为一项

重要学习任务，加大对听证活动的指导力度，针对不同案件类型进行差异化培训，适当增加模拟听证、听证实训、听证研讨的活动课时，着重提升检察官的组织协调和释法说理能力。检察机关在听证过程中应当保持中立性，摒弃先入为主的认定意见，选择承办检察官之外的员额检察官作为主持人，尽量减少带有主观意识的语言表达。以听证员提问引导代替辩论，弱化各当事人的对抗性和对立感。[①] 听证主持人充分展示案件事实、证据分析、焦点争议，充分释法说理，使公民的自然理性向规范理性靠拢。上级检察机关要把握好业务评价与业绩考核的“指挥棒”，设定合理的听证考核指标，奖惩分明，表彰表扬听证工作开展较好的检察机关与承办人，批评教育不积极、不主动、不规范开展的检察机关与承办人，建立月通报、季分析工作模式，促进提升检察听证适用率，以检察听证作撬动“四大检察”提质增效的“硬杠杆”。

（三）完善基层听证软硬件设施，促进检察听证系统建设

注重案例培育和强化宣传。深入推进工作指导，统筹制发全条线检察听证典型案例、进一步健全听证制度机制。一方面，最高检可对自 2020 年起颁布的典型案例进行汇总并集中发布，引导各地参照典型案例开展听证工作。另一方面，针对尚未制发典型案例的业务条线，各业务厅要加大调度力度，从各地寻找典型案例进行培育、整理，下发新的典型案例甚至指导性案例，实现案例指导在“四大检察”的全面覆盖。检察听证作为检察工作深化司法民主建设的关键手段，是检察机关开展理论研究和新闻宣传的重点亮点，开拓多种宣传渠道，积极宣传听证工作的成功案例和积极效果，提

① 杨林、赵秋雁：《矛盾纠纷多元预防调处化解综合机制研究——基于三种实践模式的分析》，载《中国行政管理》2022 年第 6 期。

升听证制度的社会认知度和影响力，为检察听证工作的深入开展营造良好氛围。同时，注重理论研究，借助“外脑力量”，会同高等院校、科研院所的专家学者，深入对检察听证的制度价值、实践运行情况、完善意见建议等开展理论研究，促进检察听证更加完善。不断提升听证信息化水平，鼓励各地积极将信息化运用于检察听证，综合利用多种融媒体方式扩大检察听证成果。

（四）加强意见建议反馈落实，促进检察听证效果实现

建立高效的反馈机制，确保听证会上的每一条意见建议都被详细记录，并及时传达给相关部门和责任人；明确反馈时限，确保落实工作不拖延。加强跟踪监督，对意见建议的落实情况进行定期检查，确保每一项措施都得到有效执行。对落实不力的部门和个人进行问责，确保听证成果不被浪费。注重听证结果的总结，如浙江根据“枫桥经验”总结出“网格化管理、组团式服务”模式到“平台驱动的全科网络”。[①] 建立集检察听证、司法救助申请、检察建议反馈等功能于一体的“一站式”服务平台，根据当事人实际困难，协调相关部门提供法律援助、心理疏导、就业指导等多元化救助措施；加强对社会治理热点难点问题的研究和分析，提出切实可行的解决方案和对策建议，为提升社会治理效能贡献力量。强化听证效果的评估，通过问卷调查、座谈会等方式，收集当事人和社会公众对听证效果的反馈，及时调整和完善听证工作。实现从“办完案”到“办好案”的跨越，推动司法公正与社会稳定。

---

① 胡重明：《社会治理中的技术、权力与组织变迁——以浙江为例》，载《求实》2020 年第 1 期。

检察听证制度的价值定位、实践应用与优化路径研究

张晓晔　文　丽　黄小敏*

目　次

* 张晓晔，广西壮族自治区百色市人民检察院副检察长；文丽，广西壮族自治区百色市人民检察院案件管理室副主任；黄小敏，广西壮族自治区百色市人民检察院检察委员会专职委员。

（三）增强听证员听证的履职积极性与能力

（四）设置“一般+选择”的差异化听证模式

党的二十大报告明确提出，要“全面发展全过程人民民主，社会主义民主政治制度化、规范化、程序化全面推进”。在此背景下，检察听证[①]作为检察机关落实全过程人民民主的重要举措在我国法治体系中占据了重要地位。通过检察听证不仅增强了检察工作决策的透明度，也提升了公众的参与度和监督权。[②] 通过公开透明的法治程序，检察听证确保了人民群众的知情权、参与权、表达权、监督权，人民群众可以直接参与国家治理，发挥监督作用。[③] 这不仅符合党中央对检察工作提出的要求，也为国家的法治建设贡献力量。为了进一步推动该制度的落实，2020年最高人民检察院发布了《人民检察院审查案件听证工作规定》（以下简称《听证规定》），明确了检察听证的适用范围、听证会参与人员的组成与选择、具体程序等，为各级检察机关开展检察听证工作提供了重要的制度框架。

《听证规定》的出台标志着检察听证工作进入了制度化、规范

---

① 检察听证是一种程序性工作方式，是在检察机关作出最终决定之前，组织听证会，公开、集中地听取相关机关、案件当事人、辩护人、法定代理人及其他相关人员的意见，并将这些听证结果作为检察决策的重要依据。

② 早在2000年，《人民检察院刑事申诉案件公开审查程序规定（试行）》发布，明确了刑事申诉案件应当通过公开听证和公开审查的形式进行处理，并将公开听证设定为审查刑事申诉案件的主要手段。此后，2013年最高人民检察院发布了《人民检察院办理未成年人刑事案件的规定》，对于公安机关或受害人对检察机关的附条件不起诉决定存在较大异议或争议的案件，应当通过不公开听证的形式处理。此外，地方各级检察机关也积极探索将检察听证扩展到其他刑事检察环节，以适应不同类型案件的需求，推动该制度的广泛应用。

③ 耿辉辉、胡帅：《基层检察听证的实践之维》，载《北京政法职业学院学报》2022年第2期。

化的阶段，为检察机关的实践提供了明确的方向。但是，在检察听证的实际应用中，仍然存在一些问题。例如，检察机关在是否启动听证时，通常拥有较大的自由裁量权，可能导致检察听证的执行标准不一。此外，一些检察人员对检察听证的重视程度不够，甚至在一定程度上排斥该程序，导致其潜力未能完全发挥；案件当事人可能面临法律援助缺乏的问题，会影响其在听证中的有效参与。因此，在明确检察听证的价值和功能的基础上，有必要深入分析其在实践中遇到的难点，并对其进行改进，以更好地服务司法公正和公众监督。

一、 检察听证的价值定位

（一）检察听证是检察工作诉讼化的必然选择

检察机关在履行其职能时，实际是一个识别和解决法律问题的决策过程。与立法和行政决策不同，检察机关的职权行使主要依赖案件事实的确立和法律的适当适用。① 案件中的实际情况往往未能被完全准确地掌握，容易导致检察官在做出决策时受案件承办人的主观影响。在此背景下，检察听证作为一种诉讼化的办案模式，有效弥补了传统检察办案方式的不足。② 检察听证引入了控辩审三方互动的结构，三方关系能够充分体现刑事诉讼中的对抗性，符合现

---

① 长期以来，我国检察机关办理案件时普遍依赖行政色彩浓重的“三级审批制”。虽然在一定程度上简化了办理程序，但却造成了“审而不定、定而不审”的困境，无法真正体现检察官在司法活动中所应具备的亲历性和独立判断力。通过汇报、案卷材料等间接方式进行审查，也无法帮助检察官形成充分的内心确信。

② 从案件结构来看，传统的检察办案活动主要表现为两方或少数几方的关系，并且案件的处理通常由检察机关单方面决定。例如，是否起诉和是否不起诉通常由检察机关单独作出决策，而是否适用逮捕则由公安机关提请检察机关审查批准。在该模式下，案件中的当事人、辩护律师等利害关系人并未直接参与到决策过程中。

代司法程序中对各方利益平衡和公正的要求。从主体角度来看，检察听证在结构上有着明显的优势。它不仅包括检察机关、案件当事人和辩护人等参与方，还允许更多的参与者，如听证员或专业人员，参与到决策过程中。在此模式下，检察机关不仅可以依据职权作出决定，还可以在诉讼参与人的参与下，形成更加全面的决策过程。该模式不仅增强了决策的透明度，也让检察机关能够听取各方当事人和听证员的意见，从而确保其决策更具合理性和公正性。检察听证通过多方互动与协商的机制，确保了案件事实和法律适用的全面探讨。[①] 在该过程中，各方当事人可以针对案件事实与法律适用问题展开深入讨论，听证员和专业人员的意见也为检察机关提供了丰富的判断依据。广泛参与的决策过程能够有效避免传统“三级审批制”所带来的程序封闭性，提升了检察工作的公正性与透明性。

（二）检察听证是强化法律监督职能的应有之义

一方面，随着检察机关职能的不断发展，便宜主义逐渐成为其行使职权的主要趋势之一。[②] 虽然在一定程度上提高了办案效率，但也存在严重的弊端：由于这些裁决往往不经过公开、公正的程序进行审核，导致权力的行使缺乏透明度，容易出现权力的滥用和腐败现象。尽管存在如司法责任制等制度对检察权行使的约束，但这

---

① 申国军：《中国检察特色听证制度理论与实务研究》，载《人民检察》2023 年第 7 期。

② 便宜主义赋予了检察机关较大的办案自由裁量权，而自由裁量的过程及结果直接影响到诉讼的推进以及诉讼各方的实质性权利。因此，为了避免检察机关在行使裁量权时出现随意和不当的情况，需要设立有效的机制来确保裁量权在合理范围内行使，从而保障司法公正和法律的严肃性。在没有实行检察听证制度之前，检察机关在诸如立案、审查逮捕、是否不起诉、审查申诉和司法赔偿等环节中，通常采取单方面的裁定方式，拥有较大的裁量权。

些制度大多数是在事后进行监督，且主要集中在内部控制层面，未能有效地在办案过程中对检察机关的权力进行实质性约束。检察听证制度的实施为解决该问题提供了重要的途径。在听证过程中，各方诉讼参与人可以在场表达意见，检察机关基于多方意见的交流和协商作出决策。检察听证不仅使得决策过程更加公开透明，还通过吸纳人民监督员和听证员的参与，进一步增强了外部监督。通过检察听证网等平台，检察机关可以将裁决结果向社会公开，使得公众对检察工作的监督更加全面，确保检察机关的职权行使合法、公正，减少了权力滥用的可能性。该机制有助于提升检察机关的社会公信力，进一步提高司法系统的透明度。

另一方面，法律监督职能要求检察机关时刻关注侦查权和审判权的规范行使，确保司法权力的正确使用。[①] 检察听证制度的实施有效地解决了该问题。通过将诉讼参与人和法律监督对象置于同一平台上，检察机关能够更全面、准确地了解案件事实和法律适用，确保案件在公开、透明、公正的环境中得到审查。检察听证不仅可以在诉讼的“前端”有效制约侦查权的滥用，还能在诉讼的“末梢”对审判权进行必要的限制。双向监督机制确保了检察机关在整个诉讼过程中发挥有效的法律监督职能，最大限度地保障了司法公正。

（三）检察听证是保障检察救济权的重要途径

在我国，检察机关拥有侦查、逮捕批准、起诉、诉讼监督以及

---

① 因此，检察机关必须在案件事实与侦查、审判权的范围之间保持平衡，以确保诉讼各环节的顺利进行。然而，在传统的案件审查方式中，检察机关的信息获取渠道相对单一，通常依赖侦查机关提交的案卷材料。这使得检察机关在审查过程中未能充分与案件当事人进行直接的互动和质证，导致获取的信息可能片面且不完整，进而限制了检察机关法律监督职能的发挥。

救济①等职能。法律改革逐步扩大了检察机关救济职能的范围，提升了检察机关在保障公民合法权益方面的作用。但是，传统的三级审批制度在实施这些救济职能时显现出一定的局限性。检察机关不仅要作为控方代表国家对犯罪行为进行起诉，执行侦查任务，还需要在一定程度上履行保护诉讼当事人合法权益的职能。② 因此，检察机关既肩负着司法职责，也需要保护当事人的权利，这种双重职能导致了其在实践中面临挑战，尤其是在保障当事人救济权的同时如何确保司法公正的问题。

检察机关在审查批捕、羁押必要性审查、不批捕申诉以及不起诉申诉等程序中引入了检察听证制度。检察听证作为一种司法化的办案方式，能够在审查过程中引入公开和透明的程序，确保诉讼各方的意见能够充分表达，帮助检察机关在多方监督下做出更加公正和合理的决定。通过该制度，检察机关不仅能增强职权行使的合法性，也能提升办案的公正性和透明度。不同于传统的审批方式，检察听证能够让案件的审查过程变得更加民主化，确保各方的声音都能得到充分听取，避免权力集中带来的不公。此外，检察听证的实施还增强了对检察机关办案过程的监督，使得检察机关在处理涉及救济的案件时更加谨慎，避免了可能出现的权力滥用问题。通过这种公开、透明的方式，检察机关能够有效确保其决策过程更加公正，从而提升公众对检察机关和司法体系的信任。

---

① 检察救济权是指当事人及其合法代理人（包括辩护律师）的法定权利受到侵害时，他们可以依法向检察机关申请救济，并要求检察机关作出公正裁决的权利。这项救济权在法律上逐步发展和扩展：从 1979 年刑事诉讼法最初仅规定免予起诉的申诉权开始，到 1996 年增加了变更和解除强制措施，以及不起诉的申诉权，2012 年又进一步增加了诉讼参与人对司法机关及工作人员阻碍其行使诉讼权或侵犯其人身等权利的申诉和控告程序。除此之外，刑事诉讼法还进一步设立了羁押必要性审查的权利。

② 谭金生、陈荣鹏：《检察听证制度实践的审视与完善》，载《西南政法大学学报》2022 年第 2 期。

二、 检察听证的实践现状与特点

检察听证是落实“阳光司法”，保障人民群众的知情权、参与权、监督权，提升人民群众司法获得感的重要方式。全国检察机关充分践行“高质效办好每一个案件”的基本价值追求，全力推进听证工作开展，推动听证提质增效，确保检察权依法规范行使，在实体上实现公平正义，在程序上让公平正义更好更快实现，在效果上让人民群众可感受、能感受、感受到公平正义，使检察办案质量、效率、效果有机统一于公平正义。当前的检察听证具有以下特点：

一是听证数量增幅明显，主要以基层院为主。全国四级检察机关、各业务条线充分发挥检察听证在定分止争、化解矛盾方面的重要作用，扎实开展检察听证工作，听证案件数量持续上升。2022 年，全国检察机关共开展听证 18.9 万件（其中 G 自治区 4771 件，占全国听证案件总量的 2.52%），同比增长 79.8%；在省、市、县三级院中，基层院听证 18.3 万件，占比 96.83%。2023 年，全国检察机关共开展听证 22.78 万件（其中 G 自治区 5399 件，占全国听证案件总量的 2.37%），同比增长 20.60%（G 自治区同比上升 13.16%）；在省、市、县三级院中，基层院听证 22.00 万件，占比 96.58%。2024 年，全国检察机关共开展听证 22.78 万件（其中 G 自治区 4786 件），同比增长 20.60%（G 自治区同比下降 11.35%）；G 自治区三级检察院开展检察听证 4786 件次，自治区院占比 0.08%，市、县两级院占比 99.02%。由此，听证案件主要以基层院为主。

二是领导带头听证，“头雁”示范效应彰显。各级院领导干部带头听证，最高人民检察院领导主持疑难复杂、有重大影响案件的公开听证，2022 年地方三级院组织的听证中，检察长主持听证 1.9 万件（其中 G 自治区 952 件），占三级院听证案件的 10.2%（G 自治区的占比为19.95%)；2023年地方三级院检察长主持听证1.87万件（G自治区为790件），占三级院听证案件的8.23%（G自治区的占比为14.63%)；2024年，地方三级院检察长主持听证1.87万件（G自治区为546件），占三级院听证案件的8.23%（G自治区的占比为11.41%)，“头雁”效应充分彰显，起到了很好的示范效应。

三是听证质效持续提升，听证价值日趋多元化。最高人民检察院进一步加强工作指导，促进各业务条线听证工作规范开展，2022年先后下发6批32个检察听证典型案例；2023年下发2批17个检察听证典型案例，推动进一步充分发挥检察听证在化解社会矛盾、促进社会治理、提升办案质效等方面的作用。① 例如，B市C院办理的被害人农某某不服韦某猛涉嫌诈骗不批准逮捕申诉案，依托检察听证，综合运用领导包案、释法说理、多方协同等多元化方式化解矛盾，推动“案结事了人和”，充分发挥检察听证在推动矛盾争议实质性化解方面的作用。又如，B市J院主动将公益诉讼诉前听证会“搬到”木材加工企业，以“公开听证+”的方式发挥多方参与、实质听证、社会治理作用，促进形成案件办理质效高、安全生产保障好、行业治理效果实的多赢局面，助推民营企业高质量发展。

三、 检察听证实践存在的问题

（一）检察听证的具体规范需进一步完善

目前，《听证规定》主要为检察听证提供了原则性的指导框架，但在具体操作细节上仍存在不足。

---

① 韩晗：《刑事检察听证的功能阐释与制度完善——基于实证调研的分析》，载《行政与法》2023年第6期。

一方面，缺乏明确的听证案件适用范围以及必要性审查机制。尽管《听证规定》第 4 条对听证案件的适用范围作出了初步界定，涵盖了检察机关多个工作领域，但这些规定大多停留在原则层面，缺乏对实际操作的明确指引。在实际应用中，检察机关如何界定“存在较大争议”或“具有重大社会影响”等标准，以及如何判断哪些案件“需要当面听取”，仍未明确给出具体的操作性指导。这使得检察机关在决定是否启动听证程序时，需要依据自身的判断，这赋予了其相对较大的自由裁量权。然而，实际情况表明，检察听证案件的适用范围在某些方面仍然集中，尤其是在刑事案件领域。以 B 市 C 院为例，在 2022 年至 2024 年期间，检察院共组织了 42 件案件的听证，其中 35 件为公开听证，7 件为不公开听证。在这些案件中，审查起诉案件占据了 76.19%（即 32 件），这表明听证案件在该院处理的案件中主要集中在刑事案件，这与县级检察院的案件性质密切相关。此外，检察听证案件所涉及的罪名类型也表现出一定的集中趋势。例如，在 B 市 C 院 32 件审查起诉案件中，涉及危险驾驶罪的案件有 12 件，涉及非法占用农用地、非法捕捞水产品等破坏环境资源保护罪有 8 件，涉及交通肇事罪的案件有 3 件，这三类罪名合计占据了所有刑事听证案件的 71.88%。这一现象反映出基层检察院在选择听证案件时，所涉及的罪名较为集中，也进一步说明检察机关在案件选择过程中可能存在一定的倾向性和局限性。与此同时，在检察听证案件中，犯罪嫌疑人选择认罪认罚的比例极高，达到 90.63%。在 B 市 C 院的 32 件拟不起诉听证案件中，有 29 件案件涉及认罪认罚，表明认罪认罚程序在检察听证中起到了主导作用，并且对案件最终的处理结果产生了显著影响。检察机关在进行听证时，通常缺乏充分的必要性审查机制。在一些基层检察机关中，为了按时完成上级下达的听证任务，检察官往往选择那些案件事实清晰、证据充分且争议较小的案件进行听证。虽然这种做法可以提高办案效率，但也容易造成司法资源的浪费，同时可能导致案件处理的拖延，从而影响司法效率并影响司法资源的合理配置。[①]

另一方面，检察听证员的选取及参与机制仍存在诸多不足。《听证规定》在第7条中对听证员的资格、人数及参与条件提出了要求，但在实际操作过程中，缺乏配套的实施机制。在一些特殊案件中，检察机关可能会邀请专家学者担任听证员，或者邀请与案件当事人相关的人员参与。然而，因相关领域专家数量有限，尤其是在处理复杂疑难案件时，检察机关往往难以邀请到合适的专家参与，导致听证意见的质量无法得到有效保障。更为重要的是，由于地域和层级的限制，检察机关在选择听证员时，往往仅限于本地区或本层级的人员，限制了听证员的选择范围。例如，在B市C院的实际案例中，人大代表、政协委员以及人民监督员参与听证的比例较高（占比71.2%），而来自其他社会领域的代表性人士较少，这在一定程度上影响了听证员的多样性和专业性。当案件涉及某些高度专业化的领域时，缺乏相应专业背景的听证员往往无法就案件中的复杂问题做出准确的判断，这可能直接影响听证结果的公正性和有效性。此外，检察机关在选取听证员时，通常未征求案件当事人的意见，导致案件当事人在选取听证员方面的参与度不足。作为检察听证程序中的重要参与者，案件当事人理应在听证员的选取过程中拥有一定的发言权，这不仅是确保司法公正的必要保障，也是公民参与司法的基本要求。

（二）检察听证的启动主体较为单一

根据《听证规定》第9条的相关规定，检察机关开展听证可以

① 林晖、涂子涵：《检察听证应注意避免形式化倾向》，载《人民检察》2022年第7期。

通过两种方式进行，[①] 但是实践中，检察机关在启动听证程序中占据主导地位，而当事人主动申请启动听证的情况较为罕见。例如，在 B 市 C 县检察院 2022 年至 2024 年期间开展的检察听证案件中，当事人提出听证申请的案件仅占所有案件的 4.76%。这表明虽然《听证规定》允许当事人通过申请启动听证，但检察机关仍然在启动听证过程中起到了主导作用。当事人行使启动听证申请的权利较为少见，导致这一程序的启动主体多由检察机关控制。该现象的根本原因在于：首先，案件当事人的法律意识普遍较为薄弱，许多人并不知晓自己有权提出听证申请，或者因为法律知识的匮乏，往往不敢或不愿采取行动，导致案件的处理完全依赖于检察机关的判断和决策。[②] 其次，虽然近年来刑事案件中律师的参与度有了提升，但仍存在较大差距。特别是在审查起诉阶段，律师的参与程度较低，导致许多案件中缺乏对检察听证等程序的相关意见或建议，进一步限制了当事人参与听证的机会。在该背景下，检察机关启动听证程序的比例较高，案件当事人通常未能有效行使申请权，整个程序的主动权主要集中在检察机关。为了推动司法透明度和加强公众参与，未来需要进一步完善相关机制，确保当事人能在更多的案件中主动参与，尤其是在当事人知情和有权利申请听证的情况，进一步提升司法的公正性与透明度。

---

① 第一种方式是由检察机关依职权启动听证程序。具体而言，案件承办检察官会根据案件的实际情况，提出是否启动听证的建议，经过相关负责人及检察长的审批后，最终决定是否召开听证会。第二种方式则是由当事人申请启动听证程序。在这种情况下，案件的当事人及其辩护人或代理人可以向检察机关提交启动听证的申请，之后案件承办检察官会对该申请进行审查，并报请上级部门审批，最后决定是否启动听证。

② 黎娟、黄敏：《检察听证工作实践和优化建议——以江西省检察机关为实践样本》，载《中国检察官》2023 年第 9 期。

（三）部分听证员的履职意愿及能力不足

从听证的基本结构来看，听证是由“听”和“证”两部分组成，具有对向性。检察人员和听证员的任务是“听”，但这种“听”并非仅仅是被动地接收信息，而是通过提问和互动进行的主动性听取。其他参与听证的各方则提供证据和相关信息，为检察人员和听证员提供判断案件的依据。根据《听证规定》第6条的规定，参与听证的人员包括案件的当事人、代理人、辩护人、证人、鉴定人以及其他相关人员，他们的意见为听证过程提供了多角度的信息支持。然而，在实践中，部分听证参与者未能按时出席，导致听证过程的基础显得薄弱。此外，部分检察官对检察听证的重要性认识不足，且缺乏足够的工作主动性，尤其在涉及重大争议或社会影响较大的案件时，检察官往往不愿主动组织听证会。

首先，部分检察官未能充分理解检察听证的实际价值。检察机关处理的案件种类相对固定，因此一些检察官长期以来形成了闭门办案的习惯。① 他们认为听证活动对案件处理的实质性帮助有限，只要案件本身的准备工作充分，依靠传统的方式也能获得良好的办理效果，这使得他们对检察听证存在某种程度的抵触情绪。

其次，部分检察官在组织和实施听证方面的能力亟待提升。成功举办一次检察听证会不仅是一个程序性的任务，更是对检察官综合能力（包括案件的整理、协调工作、应对突发情况等能力）的考验，听证会的成功与否也直接影响检察机关的形象。部分检察官不愿意组织听证会，背后的原因往往是对自己能力的不自信，害怕因为处理不当而影响办案质量。

最后，检察听证实际上为检察官增加了额外的工作量，特别是

① 刘国媛：《刑事检察听证制度的“理”与“法”》，载《法学评论》2015年第1期。

在刑事案件中，审查逮捕等环节的时间相当紧迫。以审查逮捕为例，检察官通常只有七天的时间来完成案件审查，但在此期间，检察官还需要协调听证相关的各项事务。听证会的组织需要额外的时间和精力，涉及案件细节的梳理、各方人员的协调等工作，这使得部分检察官不愿意主动启动听证程序。尤其是在工作压力大的情况下，检察官会倾向于减少额外事务的处理，从而导致他们在听证工作中的参与意愿较低。

（四）检察听证形式化倾向明显

检察听证最初的设立目的是让案件当事人、社会公众和相关主体参与案件处理，从而提升案件办理的透明度与公开性，确保司法程序的公正性和合理性。根据《听证规定》第 15 条的规定，检察听证的程序通常包括承办人介绍案件背景、当事人陈述意见、听证员提问以及听证员讨论并表达意见等步骤，这一程序在实际操作中得到了广泛的应用。尽管如此，不同类型的案件具有不同的功能和处理目标，因此，听证的重点也应根据案件的特点做出适当的调整。例如，涉及审查逮捕或拟不起诉等案件时，通常需要着重核实事实，解决案件中的事实争议，因此，听证的核心应放在事实查明上。而在刑事申诉或民事行政诉讼监督等案件中，虽然事实争议不大，但可能涉及更为复杂的法律问题或情感纠葛，这时听证的重点应转向法律解释和理性辩论。

但是，实践中，部分检察机关在开展听证时往往更关注形式上的透明性和民主性，过度强调程序的公开，而忽视了听证本应发挥的实质性功能。这种形式化的倾向使得听证程序未能充分体现其应有的效能。一方面，虽然《听证规定》第 16 条要求听证员的意见应成为检察机关决定案件的重要参考，但并未明确如何将听证员的意见有效融入案件处理流程。另一方面，相关规定对案件当事人意见的处理程序及其对最终决策的影响力也没有明确的指导。在实际应用中，尽管各方意见被视为重要参考，最终的采纳决定往往依赖于案件承办检察官或听证主持人，并且缺乏统一的标准来确定这些意见的权重和采纳度。此外，检察听证的效果不仅取决于案件中的公正判断，还需要在听证后的执行过程中得到有效落实。目前，关于听证后执行的相关规范尚不完善，导致检察听证的实际效果大打折扣，从而使得听证未能在司法实践中发挥其应有的作用。因此，尽管检察听证在形式上符合透明性和民主性的要求，但在实际操作中，由于程序过于侧重形式，未能有效实现其法律效力和公正作用。

四、 检察听证的优化路径

（一）完善检察听证的规定

1. 明确检察听证的适用范围。为了进一步完善检察听证制度，必须对其适用的案件类型进行更为细致地划定。尽管《听证规定》已在第4条中列出了七类适用案件，这些规定基本满足了检察实践的需求，但在实际操作过程中，仍然存在一些模糊地带，特别是在具体案件的适用标准、听证程序的启动条件等方面。因此，需要对这些案件类别进行进一步的细化与明确。

一是需要针对某些特定案件类型作进一步的规范与明确。《听证规定》第4条第1款的规定列举了七类案件，但从实务操作的角度来看，部分案件类型尚未得到足够的细化①。

① 例如，在不起诉案件的适用范围上，需要进一步明确。当前，检察听证主要适用于相对不起诉、有被害人的不起诉案件以及社会影响较大的不起诉案件。这是因为，对于相对不起诉案件，检察机关需要在如何判断犯罪情节是否轻微上进行明确，公开听证能够有效消除各方的疑虑；对于有被害人的不起诉案件，公开听证有助于缓解社会矛盾；而涉及重大社会影响的不起诉案件，则更需要通过听证程序进行社会监督，确保公正性与透明度。

二是针对民事和行政诉讼监督案件，应对其适用范围进行更加精准地划分。根据实际操作经验，检察机关拟作不支持监督申请的案件，才适宜启动听证程序。因为一旦检察机关决定支持监督申请，案件仍可通过审判程序进行救济，符合终结性原则的要求；但若决定不支持监督申请，当事人将失去进一步救济的机会，此时通过公开听证程序让当事人充分表达意见，将有助于确保检察决定的公开性与公平性。

三是检察机关可以考虑增加其他具有社会关注度的案件类型，特别是信访案件。在 B 市 C 院的实践中，信访案件因为社会关注度高且处理难度大，组织听证程序能有效提高案件处理的透明度和公信力。对信访案件进行听证，不仅能够促进案件的合理解决，也能帮助化解社会矛盾，提高公众的信任度。因此，增加信访案件作为常见听证案件类型，并在检察业务统计系统检察听证报表中添加该类型，将进一步完善检察听证的适用范围。

四是建议根据案件的性质与复杂度，将听证案件分为“可以型”和“应当型”两类。考虑到县级检察机关在资源配置上的局限性，分类管理可以有效避免资源浪费。“可以型”案件是指根据案件实际情况，检察机关可自行决定是否启动听证程序，由案件承办人报请检察长批准；“应当型”案件则是指必须依法举行听证的案件，且不容有任何回避。公益诉讼案件、羁押必要性审查案件以及需要提交检察委员会讨论的重大疑难复杂案件，应属于“应当型”案件。因为这些案件直接涉及社会公共利益、个人人身自由等重要问题，必须通过公开听证程序确保其决策过程的公开、透明。

2. 完善听证员的选取规则与参与听证的配套机制。作为检察听证过程中的重要角色，听证员在各个环节的顺利进行中扮演着至关重要的作用。因此，如何规范听证员的资格认定和选拔标准，成为完善检察听证程序的重要内容之一。

首先，在听证员的选拔过程中，应严格遵循公正客观的原则，并实行系统化的资源管理与储备机制。听证员应从一个经过精心筛选的听证员库中选出，而该库的建设需要依据案件的具体需求，按专业化方向进行建设。所谓“专业化方向”，即在建设听证员库时，应有意识地引入具备特定专业知识的人员，同时保持各类专业人员的合理比例。例如，在某些情况下，过于注重“大众化”可能导致听证员选拔过多地倾向基层普通群众，而忽略了普通群众与专业人士的不同作用。实际上，普通群众在审视案件时能够带有一种质朴的、常人视角的思考方式，这种思维在一定程度上也是一种专业技能，应当在选拔时予以重视。因此，在有限的名额下，听证员库的选拔应同时考虑普通群众与专业人士的平衡，以确保选出的听证员能具备广泛的视角和深度的专业能力①。

其次，为应对基层地区听证员短缺以及整体素质不高的问题，需要建立有效的听证员调度机制。在省市层级的人才资源库基础上建立多层次的专家调度系统，确保基层检察机关在处理复杂或专业性案件时，能够精准地选择适当的听证员，从而获得更加专业的建议。此外，必须设置专项听证保障基金，以此鼓励更多优秀听证员的参与，并增强他们的积极性。

最后，应当赋予案件当事人选择听证员的权利。在拟定听证方案时，案件的承办检察官应及时向当事人告知所选听证员名单。若当事人对此没有异议，则可签字确认；若有异议，经过检察官审批后，可由当事人从听证员库中重新选择人员，并将选择结果公示，最终由检察官确认。这种做法不仅保障了案件当事人的知情权和参

① 基于此，听证员可以根据其特长分为三大类：法律型听证员，主要处理案件中的法律问题并提供判断意见；专业型听证员，主要是来自各个行业的专家，针对案件中涉及的专业领域提出意见，解答难点问题，并给出权威性认定；社会型听证员，通常是具有丰富社会工作经验的人员，如社区成员等，他们在矛盾调解和化解纠纷方面具有独特优势。

与权，还能提升听证员选拔的透明度和公正性。

（二）提升检察听证制度的公众认知度

为了确保检察听证制度能够得到广泛理解和有效执行，一方面，应当建立告知当事人其申请听证权的制度。在办理案件时，当检察官判断需要启动听证程序时，必须及时准备并向当事人发送相关的告知书。此举旨在确保案件当事人能够充分了解自己所享有的听证权利，同时帮助他们熟悉听证流程。通过该方式，可以提高案件当事人对检察听证程序的认知与参与度，进而增强其对司法程序的信任。另一方面，应大力加强对听证制度的宣传，使社会各界能够充分认识到该制度的重要性。在此过程中，应根据不同案件的性质进行信息公开。可以公开案件基本情况的，应主动公开，并明确哪些内容是可以向公众披露的。利用现代新媒体平台（如微信、微博、新闻客户端等）发布听证公告，可以有效拓宽检察听证信息的传播渠道。这样不仅能提升公众对检察工作的认知，也能够激励普通民众的参与，增加社会各界对检察工作的理解和支持。

随着检察听证程序逐步常态化，检察机关可以尝试设置固定时间，或者采取集中听证等方式进行听证活动，并通过提前公告制度让公众提前了解听证安排。这种方式不仅有助于提高公众参与检察工作的积极性，还能通过更有序地安排，提升检察工作的透明度和效率。此外，在具体实践中，检察机关还可以借鉴认罪认罚从宽制度中的值班律师机制，确保案件当事人能够及时获得必要的法律援助。检察机关应当在作出拟听证决定前，向案件当事人告知其在经济困难情况下可以向法律援助机构申请法律援助。案件承办检察官应积极协助当事人完成相关申请程序，确保法律援助律师能够及时介入，保障当事人的合法权利。在案件当事人符合法律援助条件的情况下，若其未委托诉讼代理人，检察官应及时联系当地值班律师为其提供法律服务。此外，为确保法律援助制度的普及，各级检察机关应与司法局、律师协会等相关部门合作，制定规范性文件，明确法律援助的适用范围、条件和程序等内容。通过这些措施，可以确保检察听证制度中所有符合条件的案件当事人都能够获得及时有效的法律援助，切实保障其法律权利。

（三）增强听证员听证的履职积极性与能力

一是保证听证员的知情权。为了充分发挥听证的辅助决策功能，确保听证员能够在合适的条件下履行职责是基本前提。听证员若对案件的相关信息掌握不足，通常会导致其在听证中的参与积极性不高，甚至意见质量不高，从而影响听证的最终效果。在实际情况中，由于听证会安排匆忙，听证员无法深入了解案件的具体情况，准备工作显得不足，导致他们在听证中提出的意见缺乏深度，这也使得公开审查的程序价值未能得到充分体现。因此，必须通过多项保障措施，确保听证员获得全面、准确的信息支持，从而为案件提供更具建设性的意见。为了弥补该问题，一些检察机关在实践中已经尝试建立听证预备会议机制。例如，上海市金山区人民检察院规定，在每次听证会召开之前，主持人、案件承办人员和听证员都需要提前召开预备会议，讨论案件的主要内容、证据及争议焦点，确保听证员能够在听证前准确了解案情。此类会议有助于明确听证的重点，让听证员能够对案件有更清晰地认识，从而确保听证过程中所提出的意见更加专业和具有参考价值。通过这种事先准备机制，听证员的知情权得到了保障，进而提高了听证的质量和效果。

此外，赋予听证员阅卷权也是保障其知情权的重要措施。在许多案件中，听证员需要查阅案件的证据材料，以便形成公正的听证意见。没有充分的阅卷权限，听证员往往无法全面了解案件的重要证据，导致听证意见的质量受到影响。尽管有些案件涉及敏感信息，不能完全公开所有证据，但可以根据案件的具体性质，允许听证员根据不同情况查阅案件材料。一般来说，对于不涉及保密内容的案件，可以向听证员提供证据的简要清单；而对于涉及较为复杂的案件，可以根据需要给予听证员查阅原始卷宗的权限。在这种情况下，听证员应签署保密协议，并在指定时间和地点进行阅卷，以保证案件信息的安全性。通过这种方式，既保障了听证员的知情权，也确保了案件的保密性。

二是确保必要人员参加听证。在听证过程中，某些人员的出席对案件的处理至关重要。这些人员可能是当事人、相关证人或第三方人员，他们的意见对于案件的事实认定或法律判断起到决定性作用。如果这些重要人员未能出席听证，会严重影响听证的公平性和有效性。因此，明确规定必要人员的出席是确保听证制度正常运作的前提。特别是在涉及被害人的案件中，尤其是当拟作出不羁押或不起诉等重要决定时，必须确保被害人或其法定代理人能够出席听证并表达意见。这不仅是为了保护被害人的合法权利，也是确保案件审理公正的重要保障。对于那些存在争议的拟不起诉案件，侦查机关的参与同样非常重要，尤其是当案件可能涉及复议或复核时，侦查机关的意见对于澄清事实、解决分歧具有不可忽视的作用。此外，鉴定人员或证人的出席也是确保案件审理公正的重要环节，因为他们提供的专业鉴定或证言可能直接影响案件的最终结论。因此，确保这些重要人物能够按时出席听证并发表意见，是提高听证质量、确保司法公正的必要条件。

（四）设置“一般+选择”的差异化听证模式

检察听证不仅是审查案件的一个程序环节，也是一个民主协商的过程，旨在通过各方意见的充分表达和协商，确保案件处理的公正性和透明度。然而，为了确保听证能够有效地发挥作用，避免形式化和程式化的做法至关重要。因此，设计一种灵活的、适应性强的听证模式变得尤为必要。通过建立“一般程序+选择性程序”的差异化听证模式，能够确保听证在不同案件类型中发挥有效功能。当前的检察听证模式存在一定的固化问题，这意味着面对不同类型的案件，采取统一的处理流程可能会导致无法有效回应案件的具体需要。对此，部分学者和从业者提出了改进的方案。例如，有人提出采用繁简分流的程序，将案件分为不同的复杂程度，对于复杂且可能对被告人产生重大不利影响的终局性案件，采用常规的详细听证程序，而对于较为简单或对被告人有利的案件，采取简化程序；另有观点主张，将听证程序进行诉讼化改造，增加对抗性，模拟更多的司法诉讼环节。这些建议虽然有其道理，但也存在一定的局限性。重要的是，听证程序应当能够根据案件的实际情况进行调整，而不是机械地规定程序类型或强行增加对抗性。关键在于确保所选择的程序模式能够有效适应案件的特点和需要。

因此，听证模式应基于案件的性质和处理需求进行适当的调整，以确保听证能够真正达到其设定目标。在常规程序的框架下，可以根据案件的特性加入一些具有针对性的程序环节。例如，在一些刑事案件中，尤其是那些需要调解矛盾的案件，可以在听证中加入调解环节。该环节不仅有助于解决案件中的争议，也能有效减少双方对立情绪，推动案件以更加平和的方式进行处理。

此外，对于一些当事人对法律理解存在误区的案件，可以通过加强释法环节来帮助当事人澄清法律条文的意义。通过充分解释相关法律内容，确保当事人对案件的法律背景有清晰的认识，避免因误解法律而导致不必要的争议。在那些事实争议较大的案件中，增加辩论程序也是一种有效的方式。通过辩论环节，双方可以更充分地阐述各自的观点，增强对抗性，有助于更加全面和精准地查清案件事实。对于一些拟作出不起诉决定的案件，也可以在听证中加入训诫程序，以帮助当事人认识到法律后果和潜在的社会危害。通过法治教育，增强当事人的法律意识，减少未来可能发生的违法行为。此外，通过普法教育，也能提高社会的整体法律意识和法治水平。

总之，检察听证模式应当根据案件的特点和具体需求进行调整，确保程序设计的灵活性，避免单一和形式化的倾向，使听证根据具体案件的需求发挥其最大的作用。

学习体会

XUEXI TIHUI

最高检挂职锻炼心得体会

李新亮*

春生夏长、秋收冬藏，四季的更迭如白驹过隙，一年时光在日月交替、斗转星移中悄然流逝。在此，衷心感激最高检各位领导的悉心关怀与同事们的鼎力相助，正是因为这份关爱，我才能圆满完成实践交流任务。这段宝贵的经历，宛如一盏明灯，照亮了我的检察生涯的前行之路——它拓宽了我的视野格局，深化了我的思维认知，我更在全方位的锤炼中，实现了综合能力的跃升。这一年的所见、所闻、所感，如同一帧帧生动的画面，时常在我脑海中闪回，成为人生中难以磨灭的珍贵记忆。

初入高检：憧憬与不安交织

最高人民检察院，作为我国检察体系的巅峰，是每一位检察人心中的神圣殿堂，象征着业务水平的卓越、工作标准的严苛。站在最高检那庄严肃穆的大门前，映入眼帘的是闪耀着金色光辉的牌匾，以及两侧威风凛凛的石狮，敬畏之情油然而生。初来乍到，能够有幸在此工作，那份荣耀感瞬间涌上心头，也难免有些忐忑。感到万分荣幸的是能加入案件质量管理处这个光荣的团队，这里的每一个细节，都让我对未来的实践充满期待，但又隐隐担忧自己能否

* 李新亮，新疆维吾尔自治区乌鲁木齐八家户地区人民检察院一级检察官助理。

跟上团队的步伐。

工作上手：学习与成长并行

最高检案管办是全国检察业务的枢纽，肩负着服务保障与监督管理的双重重任。其中，案件质量管理更是案管办的核心业务之一，不仅是把控案件质量的关键环节，更是实现“高质效办好每一个案件”的有力支撑。于我而言，案管办的业务领域是全新且充满挑战的。尽管曾参与过案件评查工作，但仅仅是浅尝辄止。如今能在此深入学习案管业务，无疑是提升自身综合能力、为未来高质效办案筑牢根基的宝贵契机。

通过系统研习案件管理的相关理论知识，我对案件管理工作有了较为全面的理论认知。工作初期，领导安排我负责撰写工作总结、讲话稿等文字工作，这让我迅速对案件质量管理处的工作架构和重点难点有了初步把握。在最高检，文字工作是基本能力，对个人的归纳总结和文字表达能力要求颇高。而我也借助起草各类文稿的机会，提升了谋篇布局、素材搜集、内容提炼、文稿修改及校对等方面的能力。

团队关怀：温暖与力量同在

案件质量管理处的主要职责是案件质量管理和业务考评。这是一支极富凝聚力的团队，每名同志不仅学历高、能力强，更兼具过硬的素质与优良的作风。面对急难险重任务，全处行动整齐划一，人人皆能独当一面。处长时常强调“共事是缘分，需共学共进”，遇到困难必协作攻坚。每次接到任务，前辈的谆谆教导都让我受益匪浅。以起草 2019 年以来全国不合格案件分析报告为例，领导的部署思路清晰、分工合理，专班成员各司其职、紧密配合。我负责撰写通知、搜集各地方数据、汇总表格及整合内容等工作。在此过程中，领导以高标准、严要求与精益求精的态度示范引领，遇堵点时既教技巧又传经验。全处上下团结奋进，最终报告圆满完成，获得了院领导与办领导的高度赞许，成为案管办年度亮点工作之一，并荣获办公厅优秀信息第一名。

独立担当：成就与自信共增

2024年中秋前夕，办领导曾寄语："无论工作水平和能力如何，都应独立完成一项重要任务，勇于挑战自我。"这番话引发我对"如何在最高检实践锻炼中留下工作印记"的思考。2024年10月16日，最高检党组先立后破，破立并举地提出"一取消三不再"，一体抓实"三个管理"，备受社会各界关注，在检察机关内外引起热烈反响，标志着检察机关向为基层检察官减负增效、聚焦"高质效办好每一个案件"的基本价值追求迈出了至关重要的一步。

案件质量管理处承担着多项重点文件的起草工作，包括《关于对最高检本级办理案件开展案件质量评查的报告》《人民检察院案件质量检查与评查工作规定（试行）》等，以及起草领导讲话稿、上会材料、宣传稿、解读稿等。2024年12月25日，应勇检察长在案管办调研时作出肯定：看到了案管办对党组决策部署执行和落实的力度和效率。虽然我仅参与其中一部分工作，但是看到应勇检察长、童建明副检察长的批示指示，成就感与自信心油然而生。

党日活动：凝聚与融合共进

每月的主题党日活动是我最期盼的。最高检案管办的主题党日活动形式丰富、内涵深刻，既涵盖精彩纷呈的演讲比赛、紧张激烈的知识竞赛，也包括发人深省的警示教育、探索科技的大厂体验，以及弘扬国威的仪仗观摩、典藏军史的军博参观。在系列活动中，我逐渐融入案管办这个团结奋进的集体，深切感受到案管人"担当、实干、创新、规范”的优秀品格。特别是案管办领导在党日活动中的讲话，既倾囊授知，又启迪智慧，对我的工作、生活与处事起到重要引领作用。在处主办的“以案释纪筑防线 廉洁自律践初心”党日活动中，我负责服务保障并撰写宣传稿，活动信息发布于内网；积极参加了党纪学习教育，有幸代表案件质量管理处参加“党纪铭于心 担当践于行”知识竞赛，并喜获第二名的好成绩。

自我蜕变：回顾与展望齐驱

回顾在最高检的实践锻炼经历，满是美好回忆与深刻感悟。这里人才济济、惠风和畅，前辈学识渊博，同事技艺精湛，青年朝气蓬勃。每个人身上都闪耀着优秀的品质与独特亮点，让我既收获知识，又品味人生。实践锻炼期间，承蒙案管办领导和同事无微不至的关怀，我的思想认知不断提升，眼界更加开阔，看待问题愈发透彻。通过完成各项工作任务，我对检察机关是“宪法规定的法律监督机关”“确保法律统一正确实施的司法机关”的定位的理解更为深刻，也将“三个善于”逐渐内化于心、外化于行，稳步提升综合协调、释法说理等专业能力。回到岗位，我更要把最高检先进的思想理念、优良的工作作风、专业的业务知识带回新疆，并贯彻落实好各项工作部署。

山山难越山山越，川川无路舟自渡。躬耕不辍，行路不止。我将检察人的使命始终镌刻于心，担当在肩。祝检察事业蒸蒸日上，各位领导和同事在新时代新征程继续披荆斩棘、再立新功！

《检察业务管理指导与参考》征稿启事

《检察业务管理指导与参考》是由最高人民检察院案件管理办公室和中国检察出版社联合创办的指导性连续出版物，以“加强工作指导、促进理论研究、解决实际问题”为宗旨，坚持理论联系实际的原则，贯彻实用性、指导性和权威性的编写特色，为全国业务管理理论研究者和实务工作者提供交流平台，欢迎广大检察人员、高等院校和研究机构的专家学者以及各界人士投稿。

一、 征稿内容和主要栏目

稿件内容为业务管理理论与实务问题研究，主要包括业务管理基础理论、检察改革背景下业务管理的职能定位，案件综合管理、流程管理、质量管理、统计信息管理、业务信息化管理等职能履行方面的理论与实务研究，检察业务应用系统的应用和完善情况、案件信息公开工作的经验及建议等。主要包括以下栏目，具体情况可以结合实际适时调整。

（一）政策指导类栏目

高层声音：中央、最高人民检察院领导关于业务管理工作的重要讲话，最高人民检察院召开的有关业务管理工作会议精神。

领导论坛：最高人民检察院案件管理办公室领导、各省级院领导有关业务管理工作的讲话、调研报告、理论文章等。

理论前沿：司法体制改革背景下，政法部门业务管理总体职能定位、主要任务、发展趋势等方面的研究成果。

政策解读：专家学者或各级院案件管理部门负责人对涉及业务管理工作的法律法规、规章制度进行的深度解读。

（二）业务研讨类栏目

业务研究：对案件综合管理、流程管理、质量管理、统计信息管理、业务信息化管理、人民监督员履职管理等各项职能进行深层次研究。

经验交流：各级检察机关案件管理部门结合实际，创新开展工作的经验做法。

典型案例：在案件受理审查、流程监控、质量评查、业务考评、业务分析研判、人民监督员履职等具体工作中形成的具有典型意义的案例或事例（附工作文书）。

（三）专题类栏目

规章制度：最高人民检察院和省级院制定下发的有关业务管理工作的规定、决定、意见、通知等规范性文件。

专项解答：针对各地业务管理工作中出现的常见问题、突出问题的专项汇总解答。

分析研判：各地围绕检察工作重点，发挥业务管理职能作用，深入开展的业务分析研判。

（四）其他栏目

案管风采：部分先进案件管理部门或者优秀案件管理人员的典型事迹材料。

检察文苑：与检察业务管理工作相关、可读性较强的纪实报告、小说、散文、诗歌、随笔等文学作品。

二、投稿要求

1. 原创性。本书主要刊发原创的理论和实务文章。稿件如已在其他刊物发表过，投稿时请务必注明刊发的时间和刊物名称。

2. 时效性。要围绕正在开展的业务管理重点工作和亟须解决的问题组织稿件，对业务管理工作具有一定的指导和借鉴意义。

3. 内容适宜公开发表。本书向社会公开发行，请针对文章中的数据、事例等材料认真进行保密审查，防止出现不宜公开或泄密的事件。

4. 数据引用要准确。文章引用的数据要列明来源和出处，确保真实准确。

5. 署名和引注要规范。鼓励作者独立署名，也可刊发合作署名文章，但对 4 人（含 4 人）以上的署名文章一般不刊发或者作集体署名处理；文章的引注请严格依照“注释体例”的要求。

6. 作者信息要完整。应在稿件电子版内（文章结尾处，无须另附文档）直接注明作者详细联系方式，包括通信地址、邮政编码、联系电话、电子信箱等，并附作者简介。

7. 稿件形式要合规。理论研讨文章一般应当在 3000 字以上，稿件电子版（Word 或 WPS 格式）应以“附件”方式发送至投稿电子信箱。

三、注释体例

注释采用脚注方式，每页不连续编号，以阿拉伯数字加圆圈标志。

（一）著作类引文注释

作者：书名，卷次，译者，出版社，出版年份，页码。

例如：

①张文显主编：《法理学》，法律出版社 2004 年版，第 38 页。

②史尚宽：《民法总论》，中国政法大学出版社 2000 年版，第 23 页。

③［德］黑格尔：《法哲学原理》，范扬、张企泰译，商务印书馆 1961 年版，第 91 页。

④H. L. A. Hart, *The Concept of Law*, Oxford University Press, 1961, p. 6 – 7.

（二）文章引文注释

作者：文章名，本书作者，所载书刊名，卷次，出版社，出版年份，页码。

例如：

①俞荣根、刘霜：《立法助理制度述论》，载《法学杂志》2007 年第 2 期。

②周光权：《违法性意识与犯罪故意的关系》，载陈忠林主编：《全国中青年刑法学者专题研讨会文集·违法性认识》，北京大学出版社 2006 年版，第 28 页。

③李希慧等：《“轻轻重重”应成为一项长期的刑事政策》，载《检察日报》2005 年 5 月 26 日第 3 版。

④Julius Stone, “Roscoe Pound and Sociological Jurisprudence”, in 78 *Harvard Law Review* (1965), p. 1578.

（三）数字和书名号的用法

1. 除引用原文外，文章中出现的数字（不含序数）均使用阿拉伯数字。

例如：

《中华人民共和国刑事诉讼法》第159条明确规定："对犯罪嫌疑人可能判处十年有期徒刑以上刑罚，依照本法第一百五十八条规定延长期限届满，仍不能侦查终结的，经省、自治区、直辖市人民检察院批准或者决定，可以再延长二个月。"这说明可能判处10年以上有期徒刑的犯罪嫌疑人被羁押的时间最长可达7个月。

2. 法律法规除全称需要书名号外，简称均不加书名号（加括号规定简称的除外）。

例如：

我国刑法中对被害人承诺没有明文规定，应当在立法中予以明确。

《最高人民法院案件审限管理规定》（以下简称《审限管理规定》）中明确规定："审判人员故意拖延办案，或者因过失延误办案，造成严重后果的，依照《人民法院审判纪律处分办法（试行）》第五十九条的规定予以处分。"

四、投稿联系方式

1. 投稿邮箱。邮件请注明"《检察业务管理指导与参考》投稿"及主题，检察内网发至 agb_zdyck@gj.pro，外网发至 agbzdyck@163.com。

2. 本刊编辑部地址。北京市东城区北河沿大街147号最高人民检察院案件管理办公室，邮编：100726。

3. 编辑部电话：010－65200308。

2025 年《检察业务管理指导与参考》征订单

《检察业务管理指导与参考》是由最高人民检察院案件管理办公室和中国检察出版社联合创办的指导性连续出版物，以“加强工作指导、促进理论研究、解决实际问题”为宗旨，坚持理论联系实际的原则，贯彻实用性、指导性和权威性的出版特色，为全国业务管理理论研究者和实务工作者提供交流平台。

2025 年《检察业务管理指导与参考》全年 6 辑，每辑定价 40 元，全年定价 240 元，面向全国公开发行。现 2025 年征订工作已经开始，欢迎各级人民检察院和相关部门订阅。各订阅单位可通过中国检察出版社官网（www.zgjccbs.com）进行网上订购，也可采用纸质订购方式，汇款后请填写订购回执单（见下页，复印有效）并传真至出版社。

中国检察出版社

2024 年 11 月

2025 年《检察业务管理指导与参考》订购回执单

订购单位名称		经书人		
地　址		电话（手机）		
单位统一信用代码				
电子发票接收邮箱				
书　名		定价	订数	金额
2025 年《检察业务管理指导与参考》		240.00		
合计金额	万　　仟　　佰　　拾　　元　整			
备注：款到三个工作日左右，发票发送至您的邮箱！				

订购方式说明

第一种：网站订购（www.zgjccbs.com）（不用发传真、款到开票）
1. 网站下单，直接在线支付（微信、支付宝）
2. 网站下单，银行汇款需备注订单编号后 6 位数字
网站订购负责人张惠 010-86423745、18101137669 技术咨询 010-86423763

第二种：微信订购（仅支持微信在线支付）
1. 使用微信扫描右侧二维码可直接在线订购
2. 了解最新书讯请关注“中国检察出版社”微信公众号

第三种：传真订购
书款汇至出版社账号后，务必将回执单填写完整并传真至 010-68659465

中国检察出版社账户信息
户　名：中国检察出版社有限公司　　**账　号：**11050164860000000056
开户行：建设银行北京西山枫林支行　　**行　号：**105100050751

中国检察出版社各省订购负责人：
盛　丹 010-86423727 18101137660（微信同号）传真 010-68659465
（北京、天津、山西、陕西、河北、黑龙江、吉林、辽宁、内蒙古、青海、山东）
董艳芬 010-86423726 18101137661（微信同号）传真 010-68659465
（河南、浙江、江苏、安徽、上海、福建、甘肃、江西、新疆、西藏）
薛建娜 010-86423728 18101137662（微信同号）传真 010-68659465
（广东、广西、海南、重庆、四川、云南、贵州、湖北、湖南、宁夏）